一种“有温度”的教学

——幼儿园集体教学的生活化实践

林嫒嫒◎主编

福建人民出版社
海峡出版发行集团

图书在版编目（CIP）数据

一种“有温度”的教学：幼儿园集体教学的生活化实践 / 林媛媛主编. --福州：福建人民出版社，2022.5（2023.11 重印）
ISBN 978-7-211-08132-5

Ⅰ. ①一… Ⅱ. ①林… Ⅲ. ①幼儿园—教学活动—教学研究 Ⅳ. ①G612

中国版本图书馆 CIP 数据核字（2022）第 017294 号

一种“有温度”的教学
——幼儿园集体教学的生活化实践
YIZHONG “YOU WENDU” DE JIAOXUE
——YOU’ERYUAN JITI JIAOXUE DE SHENGHUOHUA SHIJIAN

主　　编：林媛媛
责任编辑：赵　玮　吴梅香
出版发行：福建人民出版社　　电　　话：0591-87533169（发行部）
网　　址：http://www.fjpph.com　　电子邮箱：fjpph7211@126.com
地　　址：福州市东水路 76 号　　邮政编码：350001
经　　销：福建新华发行（集团）有限责任公司
印　　刷：福建省金盾彩色印刷有限公司
地　　址：福州市金山浦上工业区 D 区 24 座
电　　话：0591-87718701
开　　本：700 毫米×1000 毫米　1/16
印　　张：16.5
字　　数：269 千字
版　　次：2022 年 5 月第 1 版　　印　　次：2023 年 11 月第 2 次印刷
书　　号：ISBN 978-7-211-08132-5
定　　价：35.00 元

主　编：林媛媛

副主编：鞠远方　张玉敏

编　委：（按姓氏笔画排序）

王　蓉　王丽月　吴志青　邹慧敏

张嘉华　罗　青　周宝娜　郭余云

序 一

课程如何才能够生活化，是教育研究的基本命题。在进步主义教育思潮的推动下，在陶行知、张雪门、陈鹤琴等幼教先贤思想的基础上，在幼儿园课程改革的历史恒流中，我国的幼教工作者从未停下过研究与实践的步伐。

尽管这一命题如此基础又经典，但往往仅在教育哲学、课程原理或幼儿园园本课程、主题课程、生活课程等领域上备受关注，在幼儿园集体教学这一具体课程形式中的专门研究并不常见。因此，当我得知福建省教研室正在进行幼儿园集体教学生活化研究时，先是有些意外，但意外之余，尤感欣喜。

在课程游戏化的改革探索热潮中，许多一线幼教工作者摇摆于集体教学究竟该不该要的纠结时，他们能够走出徘徊、直面问题，客观、理性地开展对集体教育的价值追思。这是教育人应有的冷静和坚守。

在《3～6岁儿童学习与发展指南》背景下幼儿园集体教学该如何变革的普遍困惑中，他们没有被动等待或盲目跟从教学模式的变革，而是在坚定儿童发展本位信念的基础上，积极启动了一场有明确目标、有组织架构、有制度保障的行动研究。这是教育人应有的勇气与实干。

在当前许多课程改革实践攀附“别具一格”的概念时，他们没有“跟风”去“打造”，而是从最经典的理论着手，从最真实的现实出发，去传承生活教育的理论精华。这是教育人应有的虔诚与质朴。

对此我非常欣喜，也不由感慨：不论这一期的研究对传统集体教学有何突破，它都呼应着教育研究、教育实践所该有的精神——理想的教育教学永远不在理想当中，它出于赤诚，依托行动，表现为永不止歇的反思与超越。

当我拿到项目课例成果时，便更加理解这项研究的意义了。本书题为“一种‘有温度’的教学”，书名确是包含了这种感觉。

我不由幻想着在这种教学下的幼儿，他们对待生活、对待成长的蠢蠢好奇和灼灼热忱被关怀着，他们的独特认知方式与外部世界抽象规律的张力被尊重并爱护着，他们是自己生命成长史积极主动的快乐编写者。

我也幻想着付诸这种教学的教师们，他们怀揣爱心探访幼儿的生活世界，敏感于万千世界中可能点亮幼儿成长又容易稍纵即逝的星星点点；他们正在努力地将生活对生命的馈赠实现在幼儿园课程中，努力地建构一种浪漫感与价值感并行的课程。

我在幻想中，也仿佛身临这种“有温度”的生活之中，那里有师幼间诚挚交往、共同成长的幸福景象。

项目领衔人林媛媛博士是我的学生。很欣慰，她依旧保持着对幼儿教育的热忱和脚踏实地的行动力。她早在硕士期间就为自己定下了“学我所能，书吾所信，践吾所得”的座右铭，目前看来，诚然，望继续保持。

希望这个研究团队能够持续秉承对童年、对生活、对生命成长的赤诚，守护好这份“有温度”，再努力、再突破，并让这份“有温度”温暖更多的儿童。

许卓娅

2021 年六一儿童节于南京

序　二

长久以来，生活化教育是国内外教育研究与实践中的重要话题，贯穿各学段的教学改革。近二十多年来，幼儿教育生活化再度成为教育改革的热点。在2001年颁发的《幼儿园教育指导纲要（试行）》中，注重幼儿的生活、回归幼儿的生活成了一条十分重要的理念，其“总则”中明确指出：“幼儿园应为幼儿提供健康、丰富的生活和活动环境，满足他们多方面发展的需要，使他们在快乐的童年生活中获得有益于身心发展的经验。”2018年印发的《中共中央国务院关于学前教育深化改革规范发展的若干意见》提出要树立科学保教理念，合理安排幼儿一日生活，坚持以游戏为基本活动，坚持防止和纠正“小学化”倾向，促进幼儿健康快乐成长。如何基于生活、利用生活、服务生活成为确保幼儿获得有意义学习、全面和谐发展的重要问题。

多年来，福建省普教室幼教科一直秉承生活化教育的理念开展教研实践工作。2017年底，在福建省普教室“智慧课堂”项目研究的背景下，两位教研员敏锐地察觉到当前福建省幼儿园课堂教学的典型问题。她们根据生活化教育的基本精神，进行了有益的探索，开展了以幼儿园集体教学为研究内容、以生活化教育为核心理念、以“福建省第二批幼儿教育研究基地园项目”为依托的教育教学改革实践，努力实现幼儿园教学课堂的“智慧化”。

在为期两年多的教学研究过程中，两位教研员引领福建省实验幼儿园、福州市蓓蕾幼儿园、泉州幼儿师范学校附属幼儿园等从全省近百家幼儿园中遴选出来的八所基地园开展行动研究工作。她们为此付出了极大的热忱和心血。在她们及第二批幼儿教育研究基地园的努力下，各地开展了轰轰烈烈的学习、研讨和交流活动，影响了众多幼教工作者对“优质教学活动”的新的认知，亦受到了众多媒体和期刊的关注与报道。

通过两年多的努力，她们针对幼儿园集体教学如何生活化的问题，澄清了相关的核心概念、提出了具体的教学策略、形成了针对性的评价标准，为实现幼儿园集体教学的生活化变革搭建了“脚手架”。她们有关幼儿园集体教学生活化的理念经由一个个鲜活的教学案例得以展现，实现了幼儿园集体教学的一种“有温度的转变”：让幼儿的需要、兴趣、潜能能够在集体教学活动中得到更充分的展现，让集体教学活动成为幼儿亲近自己的生活、感受自己生命成长的重要途径，让幼儿能够在园里享受更高质量的成长生活。

我十分认同“有温度”这种价值取向，在追寻高质量教学的过程中，确实应该具备并不断生发出这股“暖流”——不要仅仅盯着教学的技巧，而要跳出行为去憧憬一种意义，去追寻一种能够为幼儿的童年生活乃至其终身发展贡献无限力量的集体学习生活样态。

诚挚期盼福建省幼儿园教育教学能被这股“暖流”所温暖、所润泽。这是对教育的守望，更是对童年的呵护！

福建省普通教育教学研究室

郑云清

2021 年 5 月

前　言

不论是广域层面的课程改革，还是幼儿园课题研究或班级课程审议，都源于幼教人“让幼儿园课程再理想一点”的质朴初心。这质朴初心反映了幼教人的教育情怀，是课程改革的灵魂所在，也是教师职业生涯中幸福感的来源之一。它在幼儿园生活的具体场景中，有时会演化成具体的困惑：到底幼儿需要什么？到底教师该怎么做？

这些困惑一直萦绕在幼儿园集体教学之中。在“能不能”“要不要”“怎么做”的迷思中，我们有时似乎越来越明确，有时又仿佛越来越迷茫——尽管每个新进的理念都令我们激动、值得我们学习和践行，但在实践过程中又总是陷入技术层面的“泥淖”。在课程改革的洪流之中，当前究竟需要什么样的集体教学？

作为教研员，笔者能够徜徉在丰富多彩的教学实践场，经历并陪伴着幼儿园教师对幼儿园教育教学的不懈追寻。每一次的研讨与突破，都让笔者在迷思之中获得小小的挣脱，问题解决时的欢愉慢慢铸就了寻求答案的信心与力量……直到一次，在一所已合作近四年的幼儿园进行教学研讨时，一位青年教师的困惑使笔者深受启发：“最近，幼儿合力完成了演出使用的背景板的制作。因为背景板太大，天气又不好，因此一直悬置在过道，占用了活动空间。我很想让幼儿自主解决这个问题，但对于中班的幼儿来说，他们好像能够意识到问题却很难自己解决问题。是不是能就此开展一个集体教学活动呢?”青年教师的问题使我陷入了思考。这种基于幼儿的生活、内容源于幼儿的“真问题”、价值指向幼儿需要的集体教学,在学理上为何不能呢?当然能!这正是陈鹤琴先生“活教育”“从儿童的生活出发,完成儿童的完整生活”的思想在集体教学中的体现。但是,这样的集体教学如何设计、如何实施,似乎还没有具体可行的方法……

困惑的产生即是研究意义之所在。努力努力,让集体教学再生活化一些吧!带着热切的愿景,我们展开了行动。2017年底,福建省普通教育教学研究室幼教科在福建省内遴选了八所代表不同地域团队和性质的幼儿园,组建了基地研究团队,分别就各个领域集体教学的生活化变革展开研究。三年来,我们通过线上、线下的交流,以专题讲座、专题研讨、现场观摩、互助优化等形式,开展了数十场团队内教研活动和数百场园本教研活动,共同审议的教学活动案例达两百余篇……

行动研究慢慢地让我们更加深刻地感受了集体教学的意义,慢慢地实现了教学、生活与成长的巧妙共鸣:从表面上看,集体教学的背景愈发明晰了,幼儿的需要被发现了,幼儿的已有经验被珍视了,幼儿新获得的经验能够在后续生活中得到迁移运用了,大自然、大社会中的课程资源被重视了;通过表层看深层的变革,教育与生活的关系更紧密了,教师从知识的传递者变成了幼儿生活的好伙伴、辅导师、共建者,课程变得更自然、更自在了。在转变的过程中,“温度”一词逐渐成为我们课程审议的灵魂。是啊,这种源于幼儿生活、基于幼儿生活、回归幼儿生活的集体教学,正是“有温度”的教学——它因教师的人文关怀而有温度,因幼儿情感与经验的充分调动而有温度,因教师和幼儿真切、质朴的真情以对而有温度。

在团队的努力下，我们的研究已经取得了一定的进展，逐渐推动着幼儿园集体教学的变革，使得集体教学“是否生活化”“如何再生活化一些”逐渐成为集体教学质量评价和质量提升的重要视角。同时，我们因团队的努力而形成了更宏大的愿望——希望让这“有温度”的集体教学惠及更多的幼儿园、更多的幼儿，因此将目前行动研究的阶段性成果集结成此书，其中涵盖了笔者个人当前对幼儿园生活化集体教学的粗浅思考，以及与各基地园共同设计与实施的教学实践案例。此书承载了我们当前有关集体教学生活化的所有努力和行动，供当前反思，供未来超越。

在此，首先，感谢三年多来不懈努力的基地园单位：福建省实验幼儿园、福州市蓓蕾幼儿园、泉州幼儿师范学校附属幼儿园、厦门市秀德幼儿园、龙岩市漳平市宝娘幼儿园、南平市建阳区实验幼儿园、宁德市福安市坂中中心幼儿园、厦门市思明区思明幼儿园。我们一直以“真研究”做定位，而正因对“真研究”的执念和自我要求，三年来大家一起付出了极大的心血。其次，感谢南京师范大学虞永平教授、许卓娅教授，福建师范大学林菁教授、吴荔红教授、孟迎芳教授对整项研究直接或间接的指导，导师们的关怀和指导为我们每一步的前行奠定了信念与力量。再次，感谢福建省普通教育教学研究室为整项研究搭建的平台，郑云清主任一路的支持和勉励更让我们的努力有了底气和动力。从次，感谢福建人民出版社长期以来对基地园研究项目的关注和支持，特别是幼儿教育编辑室主任江中柱博士及本书责任编辑赵玮老师、吴梅香老师的辛勤工作。本书的出版方使研究成果的辐射获得了更大的可能与空间。最后，感谢我的研究伙伴鞠远方老师、张玉敏博士，还有好友王海霞老师、宋菲燕老师、陈岩岩老师，在无数个身心交瘁的时刻，我们相互勉励、共同努力，使得整个历程温馨而幸福。

受时间所限以及文本呈现方式的局限，书中所呈现的成果不够完美，尚有许多不够成熟的方面有待优化，希望读者能像研究团队的兄弟姐妹一样，带着审议的眼光、精益求精的态度，一起研读、一起思考，为我们提供宝贵的意见。我们更希望的是，以本书的出版为起点，结识更多的研究伙伴，一起带着虔诚的情怀继续研究，一起基于并透过集体教学的行动研究，做一名虔诚的儿童研究者和教学艺术家，为“有温度”的集体教学成为“有温度”的人，用“有温度”的人格提高课程的质量，一起追寻并守护更“有温度”的童年！

福建省普通教育教学研究室

林媛媛

2021年3月于榕城

目 录

目

录

第一章　幼儿园集体教学生活化概述

第一节　为什么：幼儿园集体教学生活化的“三重坚守”

在进行幼儿园集体教学生活化行动研究的过程中，我们首先需要澄清的是这一行动究竟“为什么而出发?”。澄清这个问题，对于行动研究的过程来说至关重要，因为这个问题不仅体现了项目的意义所在，而且这个问题也是检验行动研究效果的重要依据。

一、表层坚守：幼儿园集体教学的坚守

集体教学生活化，首先要关注的是“集体教学”这个关键词。实际上，“集体教学”不仅是关键词，更是教学改革的对象与内容。开展集体教学生活化研究，从表面上看，似乎就是研究集体教学。在《3～6岁儿童学习与发展指南》（以下简称《指南》）颁布以前，研究集体教学可以说是十分“应当”的任务。那时，集体教学不仅是幼儿园课程实施的主要形式，也是评价幼儿园教师专业能力的关键内容。随着近年来对幼儿自主游戏的重视以及部分地区尝试弱化集体教学，集体教学似乎受到“别样”的对待，甚至有的幼儿园实施起来“遮遮掩掩”，教研层面推动起来“战战兢兢”。正因如此，在刚刚启动集体教学生活化研究之初，项目本身也引起了一些争议。

以往优质集体教学案例依旧令我们坚信集体教学对幼儿学习与发展的价值，加上不少学者坚持捍卫集体教学对于我国幼儿教育的重要作用，我们启动集体

教学研究之初心，绝不是因对这一课程形式的执念而固执地捍卫。如果要说坚守，我们坚守的是一种刨根问底的精神、一种精益求精的虔诚。我们希望以问题解决为基本思路，努力在问题解决的过程中不断明确集体教学可能获得质量突破的方向，从而走向富有现实感和意义感的实践通道。

秉持问题解决的态度，我们首先对集体教学在当前幼儿园课程中的常见形态进行回溯，对相关问题做讨论。

一是公开课视域下的集体教学。这类集体教学是幼儿园十分重视的课程形态。因"公开"的性质，而且直接代表着幼儿园的形象、直接关系着幼儿园的荣誉，幼儿园管理层和教师会在公开课上倾注"非常规"的精力成本和时间成本，通过一再地"打磨"，以最大限度地使这类集体教学接近"完美"。因而，幼儿园公开课容易"走向华丽"、容易过分追求现场效果，甚至因带有表演性质而脱离现实。

二是领域课程视域下的集体教学。这类集体教学有着严密的经验体系和成熟化的教学技巧，是目前师范生、新手教师入门的重要学习内容，也是班级课程中的主要组成部分。在当前课程主题化、游戏化的背景之下，领域教学似乎逐渐被弱化。

三是主题课程视域下的集体教学。主题背景下的集体教学有了相对"高级"的名声。然而，笔者曾专门研究了十所省级示范性幼儿园的主题课程案例，审议其主题背景下集体教学的课程质量，结果并不理想，老生常谈的"拼盘"现象依旧存在。

这些形态下的集体教学所存在的问题，使集体教学饱受诟病。然而，我们又不得不承认，这些类型的集体教学绝对不尽是缺点：对于公开课，我们经常从优秀教师那儿听说他们在一次次的"磨课"中获得了巨大的进步；我们也经常在一些高质量的公开课上，获得激动人心的教学启发。领域课程视域下的集体教学，依旧在幼儿园课程中占据重要地位，如果愿意与一线教师开诚布公地聊，不难听到他们对这类教学的喜爱——组织领域课程视域下的集体教学，不易出错；很多教师表示他们不仅能寻找出领域课程视域下集体教学的基本模式，还有大量教学参考书和先进经验可参考。对于主题背景下的集体教学，教师确实感受到幼儿通过集体教学活动中的学习，拓宽了有关主题的经验，催化了深度学习的发生，是主题化学习所离不开的重要途径……

这一分析使我们明白在改革集体教学实践时，不可因集体教学可能存在的问题而遮蔽它的优点，也不能全盘否定而彻底推翻它。这一分析让我们的初心变得更明晰了：我们就是要这样的一种集体教学，它不像传统的公开课那样刻意，但饱含着教师对幼儿学习规律和教学技术的追寻；它不像部分传统的领域集体教学那样过于套路化，但能合理地实现“以学定教”，并成为教师擅长甚至喜爱的课程形态；它不像部分传统的主题集体教学那样陷入“拼盘”的窠臼，但确实关切着幼儿正在经历的生活以及幼儿真真切切的兴趣。

那么，这种理想中的集体教学会是什么样子的呢？实际上，这就是坚守——虽然表面上是对集体教学的坚守，但并不是对集体教学的固守，也一定不是以标榜一种独特的教学模式为直接目的。我们希望能扎扎实实地探索出一种可能，让集体教学变得更好一些，让它所承受的争议不再围绕着集体教学的形式本身，让它能够真正地承载高质量课程的期盼，实实在在地服务于幼儿的学习与发展。

二、深层坚守：课程生活化的坚守

虽然集体教学生活化行动表面上是对集体教学的思考与探索，但其深层依旧是对幼儿园课程是什么、应该怎么样等有关课程适宜性的探索。之所以在集体教学改革的行动中确定“生活化”的基本理念，绝不是为了提出新的口号或追求某种创举，而是因为生活化本身就是幼儿园课程的根本特性。生活化既是基础教育的基本理念，又是由幼儿的身心发展规律所决定的。研究集体教学，需要在课程生活化的理念下进行探索，需要秉承幼儿园课程所应具备的生活性，需要将课程生活化作为行动的深层坚守。

当论及这一深层坚守时，难免会引发困惑：课程的生活化就是集体教学的生活化吗？我们有必要明确集体教学生活化与课程生活化之间的关系。

（一）集体教学生活化以课程生活化为理论依托

集体教学在幼儿园课程中并不是一种绝对孤立的形式。集体教学是幼儿园课程的重要组成部分。集体教学的生活化，应该呼应课程生活化。

具体来说，课程生活化要求幼儿园课程能够从幼儿的生活出发、完成幼儿的完整生活。这便需要从两个维度审思集体教学：其一，源于生活、基于生活、回归生活的精神应如何落实在集体教学之中？其二，什么样的集体教学才能让幼儿的在园生活焕发出整体的、更绝妙的精彩？两者都十分重要，都是课程生活化背景下集体教学研究所需关切的命题。

（二）集体教学生活化不是课程生活化的全部

虽然集体教学生活化应体现课程生活化，但集体教学生活化并不等同于课程生活化。课程生活化应实现“一日活动皆课程”，需要审视的不是某一个课程内容或形式，而是幼儿在园的总体生活体验和生活质量。幼儿园一日活动中除集体教学以外的其他环节、其他时间，也同样需要体现课程生活化的特征。仅作为课程组织形式之一的集体教学，就算实现了这一形式的生活化，也不能认为是实现了课程生活化。

正在努力实践的集体教学生活化，只能说是为追寻课程生活化迈出了一步。我们最终希望的是，教师能够在努力中感受生活对幼儿发展的巨大作用，发现生活对幼儿园课程的独特意义，从而由衷地信仰课程生活化的精神，持续地迁移相关的理念与经验，为幼儿的高质量的生活做出努力。

（三）集体教学生活化是课程生活化的有机组成部分

虽然集体教学生活化仅仅是课程生活化的一个部分，却是实现课程生活化的一个不可分割的部分。集体教学生活化对于幼儿在园生活有着独特的作用。

其一，集体教学有助于支持幼儿梳理生活中零散的经验。幼儿在一日生活中有着形形色色的经历，无论是游戏、生活，还是与同伴互动，甚至是对户外一片树叶的驻足凝望，都在真实发生着。然而，这些经验往往是零散的。在幼儿成长的轨迹中，若这些零散经验未能及时得到有效的梳理，则会被遗忘而无法与幼儿已有经验形成链接。有目的、有计划、有组织的集体教学往往能支持幼儿梳理这些零散的经验。

其二，集体教学有助于幼儿获得生活中不易自主获得却有必要获得的经验。幼儿生活中会遇到一些无法运用其已有经验来有效应对的困难或困惑。例如，在一次游戏活动中，女孩因为不敢挑战搭建的独木桥，被男孩嘲笑为“胆小鬼”。这种非恶意的伤害，来自幼儿有关勇气的朴素但又片面的认知。基于此，教师把握机会，利用绘本《勇气》和幼儿讨论了到底什么是“勇气”。通过教学，幼儿了解了懂得恰当的自我保护同样需要勇气、敢于表达自己的想法也同样体现了勇气。最终，男孩、女孩在挑战适宜高度的独木桥并相互鼓励的愉悦氛围中收获了温暖，也收获了成长。可见，恰当的时候进行必要的集体教学，可能让幼儿的生活变得更有意义。

其三，集体教学有助于幼儿感受集体学习的乐趣。集体教学是幼儿园中教、学双边作用更加显现的一类形式，是幼儿童年生活中独特的一种体验：和同伴一起，在教师的组织下，共同经历问题解决的过程、共同体验问题解决的愉悦。这种经历与愉悦，不能说绝对胜过幼儿独自解决问题所能收获的体验，但它让“你的经验”“我的经验”重建成为“我们的经验”，并让幼儿体验这种“重建”“共享”以及有关“我们”的快乐。这一定是幼儿终身学习与生活中十分宝贵的财富。

（四）集体教学生活化是实现课程生活化中容易被忽视又不可被轻视的内容

尽管集体教学在幼儿园课程中有着独特的作用、集体教学生活化是幼儿园课程生活化的有机组成部分，但在践行幼儿园课程生活化时，集体教学常常受到冷遇。这是因为，比起一日生活环节、节庆活动等，集体教学作为教师发起的活动，确实相对不易令人体验到生活的意味。然而，集体教学相对不那么富有生活意味并不是集体教学的特征属性，而恰恰是问题所在，更应该受到关注、得到解决。

简而言之，虽然集体教学生活化研究的是集体教学，但集体教学正是探索课程生活化的实践路径之一；虽然集体教学生活化并不等同于课程生活化，但课程生活化一定离不开集体教学生活化；虽然集体教学生活化不一定能实现课程生活化，但这一努力将向课程生活化更进一步。

三、 内核坚守：幼儿的高质量童年生活

除了前文所分析的表层坚守与深层坚守以外，幼儿园集体教学生活化行动应该怀揣更为根本的使命：为了幼儿的高质量童年生活。

为了幼儿的高质量童年生活，并不是空泛口号，而是生活化本身的精神意蕴。诚如虞永平教授所言，回归生活的幼儿教育是“让幼儿在一个真正属于他的、能让他的生命得到萌发的现实的、感性的和真正能彰显主体性的环境中生

活和学习"[①]。课程生活化即是追寻一种理想的生活样态，在其中，幼儿既是生活的主人，又是生活的直接受益人。我们应当充分地认识到让幼儿成为其生活的主人，仅凭借幼儿自己的力量无法完成这一目标。这需要教师的积极作为，而集体教学正是教师需要去积极作为的内容之一。

我们畅想幼儿的高质量童年生活，并且将这种畅想作为一切研究行动的核心坚守，努力让生活成为幼儿高质量成长的"肥沃土壤"。为了幼儿生活更加完满的集体教学理念，使得集体教学的形态悄然发生了变化：教学活动开始有了鲜活的前序故事，有了过程中"你来我往"的智慧交织和社交欣喜，活动后续更有不断发生着的情理之中而意料之外的精彩叙事。这些具有"故事感"的经历，既是幼儿宝贵的童年生活印记，又是幼儿园富有教育意义的课程实践。两者不相矛盾，甚至可以融为一体，最终成就幼儿的高质量发展。

正因为集体教学是为了幼儿的高质量童年生活，我们需要以更加开放的态度去研究集体教学：不固守已有的传统做法，不排斥其他的课程形式，不屏蔽生活化以外的教学理念，紧密围绕幼儿学习与发展的基本规律和实际需要，客观地发现与解决幼儿生活中的问题；我们需要以更加真诚的态度，去敬畏幼儿的童年生活——不轻视生活的主人，不忽视生活的光彩，不短视生活的力量，在立足幼儿真实生活的前提下，用适宜的集体教学去捍卫幼儿生活的精彩。

第二节　是什么：幼儿园集体教学生活化的内涵与精神

在教育实践中，幼儿园集体教学生活化似乎已成为一种共识，但同时也经常出现一些困惑：生活化是否意味着不要专门性的教学？生活化是否意味着把原本集体教学的内容融入一日生活环节之中？生活化是否就是把幼儿生活中的常见事物作为集体教学的内容？这些困惑，实际上反映了许多教学实践者对究竟什么是"生活"以及生活在集体教学这一特定形式上的具体内涵并不清晰，而这正是我们所要澄清的问题。

---

① 虞永平：《生活化是幼儿园课程的根本特性》，《学前课程研究》，2008年第10期。

一、 集体教学生活化强调教学应服务于幼儿的生活

第一个问题："生活"是"谁的生活"。虞永平先生指出，回归生活的幼儿教育是"让幼儿在一个真正属于他的、能让他的生命得到萌发的现实的、感性的和真正能彰显主体性的环境中生活和学习"。这意味着，在生活化的课程中，幼儿既是生活的主人，又应在享受生活的同时受益于生活。这更意味着幼儿在课程中的地位是生活化课程的首要问题。

什么样的生活是以幼儿为主人的生活呢？我们或许会直觉地联想到幼儿的自主游戏——幼儿自发的、主动参与的、自由的活动。自主游戏中，幼儿有更多的权力和机会决定自己想要做的事。我们或许会直觉地联想到幼儿在日常活动中的自我服务。自我服务中，幼儿知道自己当时有哪些需要，并且努力通过行动来满足自己的需要。集体教学活动作为由教师组织、由教师主导的活动，如何实现幼儿是活动的主人呢？实际上，要让幼儿成为集体教学的主人，并不意味着由幼儿自己决定教学，或是幼儿在集体教学中可以自由随性，而是强调"集体教学为谁开展"的问题，即课程对幼儿生活的"服务性"，努力让课程服务于身为主人的幼儿。

我们通过表 1-1，以本书中出现的四个活动案例来看这一"服务性"的具体体现。

表 1-1

案　例	背　　景	服务于幼儿的生活
打开包装	幼儿未熟练掌握打开零食包装的技巧，常常打不开包装或打开包装时将零食撒在地上。	丰富、提升幼儿有关打开包装的相关经验，助力幼儿在生活中自主打开包装。
花样馒头真好吃	幼儿不爱吃面食，日常饮食中的鼓励和健康活动的开展对提升幼儿吃面食兴趣的效果不佳。	强化幼儿对面食的积极情感，支持幼儿接纳、喜爱面食，帮助幼儿养成健康的饮食习惯。
夜里什么人不睡觉？	部分幼儿因为父母值夜班而较少陪伴他们，心生不满。	帮助幼儿丰富有关夜里劳动者工作的认知，支持幼儿了解夜里劳动者工作与人们生活的关系。

续表

案　例	背　景	服务于幼儿的生活
设计楼层索引图	幼儿希望能够帮助同伴、家长快速找到各班级位置，自发制作了幼儿园楼层索引图，但设计的图示的辨识度和指示性不足。	珍视幼儿在日常生活中乐于发现问题、解决问题的良好品质，支持幼儿解决问题，并在体验解决问题的快乐的同时获得相关发展。

可见，当课程具有"服务性"的价值时，实施活动的逻辑逐渐从"自上而下"的安排转化为"自下而上"的思考——"幼儿需要我们做些什么？""哪些问题有必要以集体教学的形式进行支持、提升？"。这是幼儿主体性在集体教学中的重要体现。在这样的转向下，集体教学能更好地促进幼儿的学习与发展，成为幼儿生活中的"能量补给站"，成为幼儿在感到困惑、茫然抑或是兴致勃勃之时的一个温暖而有力的"港湾"。简言之，追寻集体教学的生活化，即强调集体教学不应是成人营造出来的抽象的、符号式的世界，而应与幼儿自己的活动、经验相关，在幼儿难以独自解决问题时给予幼儿有力的推动，从而让幼儿通过集体教学更加受益于自己的生活。

二、 集体教学生活化强调教学要关切幼儿真实的生活

第二个问题："生活"是"什么样的生活"。我们明确了集体教学要服务于幼儿的生活，但幼儿的生活究竟是什么样子的呢？在开展集体教学生活化研究之初，很多幼儿园提交的研究案例很有"默契"地呈现出一个共同特点，即教学内容基本与幼儿的日常生活技能和常见的社会生活现象有关：重点研究艺术领域的基地园，组织了有关花花草草的艺术创作活动；重点研究语言领域的基地园，组织了有关好吃的食物、好玩的玩具、交通工具等的语言活动……这些看似与幼儿生活息息相关的内容，是不是就是幼儿的生活？幼儿的生活究竟有什么？

我们有必要反思三种教学内容观。它们实际上反映了教师在课程决策过程中的三种思维：第一种是教学实施过程中教师视角的"我以为"。习惯于"我以为"的教师，往往从自身知识与经验视角去决定教育教学的内容与过程，表现为"我以为这个最有意义""我以为就该这么教"。在这种教学形态中，幼儿的需要及其生活均未被"看见"。第二种是教师视角的"我以为的幼儿"。这一语境中，教师认可幼儿的主体性地位，并有意识地去想象幼儿的生活世界。在教学实施过程中，教师往往以自身的经验和理解去臆测幼儿，表

现为“我以为幼儿应该是……”“我以为幼儿会需要……”“我以为幼儿会希望……”等。我们需要去追寻第三种，即“幼儿何为”——这并不是去臆测幼儿的思维，而是由教师洞察他们的世界究竟怎样、他们的想法究竟如何、他们的愿望究竟是什么。

笔者用一个例子来具体说明以上三者之间的区别。2020年新冠肺炎疫情期间，幼儿园延期开学，在教育部“停课不停学”的倡导下，幼儿园教师纷纷开始对幼儿居家课程进行思考。有的教师开展了亲子阅读活动，有的教师开展了劳动教育活动等。我们的一所基地园教师在思考这一特殊时期的课程时，敏感地意识到了生活化的课程。他们首先认为不论幼儿身处何地，有意义的成长经验都不应来自教师一厢情愿的裁定，不应仅从教师的视角去决定课程。这便是对第一种思维的警醒。于是，他们发起了一场线上研讨，研讨的主题是“疫情期间如何基于生活化的理念开展有益的教学活动”。远程教研中，教师纷纷献计献策。有的教师说：“疫情期间口罩是稀缺品，制作口罩如何？还可以在口罩上画画。”有的教师说：“可以让幼儿用画画的方式表达对新冠肺炎疫情的感想，还可以画出印象最深刻的事。”有的教师说：“既然现在强调洗手，能否和幼儿一起制作肥皂？”……很明显，教师开始关注生活本身，既思考了教育的意义，又让活动紧密依托于当时的生活情境。这种课程设计的逻辑，是源于第二种还是第三种的思维？当笔者提出这个问题之后，教师开始意识到问题所在：我们所强调的“真实的生活”，不应仅停留在当时宏观的生活背景，还应进一步思考幼儿在当下生活背景下所表现出来的具体的兴趣、愿望、困惑。于是，教师立即暂停了课程的设计，在家长的支持下，调查、了解幼儿当时的生活状态和相关需要，用行动（而不仅仅凭借经验）去确切地了解幼儿。这所基地园后续所开展的活动，多数是前期那场教研会上大家没想到的：有的班级基于幼儿对包干的种植园的想念，开展了由教师代替幼儿去幼儿园种植并定时直播的“云种植”活动；幼儿关切着植物的生长，真诚地叮嘱教师，对教师的辛苦表示感谢。有的教师发现班级里有的幼儿迫切希望开学，而有的幼儿不想开学，于是教师和班级幼儿约定了时间，一起在线上分享之前班级活动的照片，还和幼儿共同演唱了园歌。……这样的集体学习活动真正服务于幼儿，让幼儿成为活动的主人，也体现了从“我以为的幼儿”到“幼儿何为”的转化。

我们难以确定幼儿的生活是什么，而只能说幼儿的生活就是以幼儿的身、心、手、脑在亲历并体验着的真实的生活。了解幼儿“真实的生活”说来挺难，因为它并不能完全由幼儿直接告知教师，教师也无法完全依赖书本知识，更不能凭借自身的经验来确定。了解“真实的生活”其实又不难，因为它无时无刻不在发生着，只需教师真诚地尊重、走进幼儿的生活，它就立即能活生生地呈现出来。

基于此，我们能鲜明地感受在集体教学生活化的努力下，集体教学从以往的“不见幼儿”到“出现幼儿”，又从“出现幼儿”到“生动鲜活的幼儿生活故事”，再从“生动鲜活的幼儿生活故事”到“基于幼儿生活的课程审议及决策”。所以，不论是活动的内容还是教师在活动中所要支持的重难点，都变得真实而具体：活动“打开包装”不是教师一厢情愿地想“教会”幼儿打开包装，而是关注那些幼儿常用而又不实用、不卫生的操作；活动“花样馒头真好吃”不只是强调馒头的制作，更在于激发幼儿自觉主动地感受与表达馒头的好玩与好吃；活动“夜里什么人不睡觉?”，不仅旨在与幼儿共同阅读绘本，更强调带领幼儿关注和敬畏我们身边默默奉献的人，让因值夜班而疏于陪伴的家长得到幼儿的理解和尊重；活动“设计楼层索引图”不是简单地制图、读图，而是帮助幼儿在已有经验的基础上发现问题并解决问题……这些活动根植于幼儿的真实生活，又高于幼儿的真实生活。

三、集体教学生活化强调教学要心系“完整的生活”

第三个问题：“以什么样的视角来审视和利用生活”。重新审视我们看待生活的视角十分必要，因为我们以什么样的视角看待生活，往往就会看到什么样的生活。应如何看待生活呢？我们依据前人的研究成果，认为我们必须把幼儿生活视为一个完整的整体。对生活完整性的忠诚，或许最贴合生活动态、系统而不定的特征。

完整的幼儿生活是富有历史性的。幼儿的生活不是某一瞬间的生活，也不仅仅是发生在当下的生活，在时间序列的维度上任何一环都与过往和未来相互交织、相互作用。幼儿园的教学活动并不是独立产生的，其产生的前序与后延共同构成着幼儿经验的连续体。正如活动“设计楼层索引图”，“设计”并不是在单次活动中从无到有地发生。幼儿在活动之前的情感体验、努力过程、行动结果等都是该次集体教学的起点。正是这些起点，决定了集体教学该以何种力度、何种规模去努力解决哪些有必要解决的问题。一些尚未掌握图示制作技巧的幼儿在集体教学中得到了专门引导，更激动人心的故事将会在活动结束之后发生。新版的楼层索引图能否受到欢迎、能否真正起到楼层导引的作用，需要在后续的应用中不断验证，而楼层索引图也在验证过程中不断得到优化。正是这些前前后后的故事，构成了幼儿成长史中的精彩部分。

完整的幼儿生活是具有生态性的。因此，落实集体教学生活化，要从课程形式的生态性上把握课程的整体性，让集体教学与其他形式的教育活动相互补充、相得益彰，让幼儿能够在不同形式的教育活动中收获丰富的经验。例如“打开包装”活动中，集体教学的开展丰富了幼儿用不同方法打开包装的经验。然而，要解决“活动缘起”所发现的问题，仅仅了解技巧是不充分的，因此教师在区域活动中引导幼儿练习撕包装，并在日常生活中有意识地追踪幼儿自主撕包装的相关表现，进行个性化的鼓励或指导。如此，不同形式的课程共同支撑了幼儿有关撕包装经验和能力的生长。

完整的幼儿生活是具有集合性的。它不是某人自己的生活，而是多元主体共处、相互影响的生活。幼儿也正是在教师、家长、所处环境等的共同作用中汲取着成长的能量。教师要能够发现并充分利用幼儿生活中的教育资源，以追寻最大化的教育效果。正如在“夜里什么人不睡觉?”活动中，目标的达成并不仅仅依靠教师单方面的教育输出，也并不仅仅仰仗绘本所展示的内容，教师还要充分利用幼儿身边相关而鲜活的人、事、物，帮助幼儿理解有关特殊职业的独特之处与可敬之处。特别在活动的最后，教师通过播放家长夜里工作的录像，进一步升华了幼儿有关陪伴、有关职业的积极情感。(参见图 1-1)

图 1-1

四、集体教学生活化强调教学要追寻幸福的生活

第四个问题："为了什么样的生活"。如果要说人类生活的永恒情结，那非幸福莫属。幸福是人类发展的原动力，也是人类高级存在的一种方式。因此，幸福是教育的基本使命，幸福是落实课程生活化的起点与归宿。

从幸福的视角落实集体教学生活化，首先要让幼儿在集体教学中获得幸福。要实现集体教学生活化不仅要将教学活动"还"给幼儿，使之成为真正属于幼儿的教学活动，还应该让幼儿体验到幸福。因为只有当幼儿在集体教学中体验到幸福，学习才能成为让幼儿心向往之的幸事，学习才能被幼儿悦纳入幸福生活的内容中。集体教学生活化的实践中，教师要特别强调幼儿的获得、幼儿的体验。其中，教师如何让幼儿感到轻松又温暖，情感共鸣、经验共享在何种对话形式下能够得以发生，幼儿的想法与表达如何得到最优的尊重与提升，均是关键的问题。

从幸福的视角落实集体教学的生活化，还要让幼儿感受当下生活的幸福。虽然幸福是个体生命的重大议题，但它并不缥缈：幼儿在生活中偶发的兴趣，得到教师组织的集体教学的响应，幼儿就会有幸福感；幼儿在生活中的困惑，得到教师在集体教学中的点拨，幼儿也会产生幸福感；幼儿在集体性学习场域中感受到人际互动与互助的愉悦，也会有一种幸福感；幼儿经过集体教学而习得的知识经验在后续的生活中得到运用的机会，也会有一种个体作为积极的生活者在亲近生活中享受到的幸福感……基于此，计划并实施生活化集体教学的教师要敏感于这些幸福的瞬间，努力追寻幸福时刻的发生，努力让幼儿因集体教学中的收获而进一步感受并获得当下生活的幸福。

从幸福的视角落实集体教学生活化，更要让幼儿能够在未来的生活中享受幸福。我们所设计与实施的生活化集体教学，不仅仅是支持幼儿解决某些具体的问题、获得某些具体的经验，更是在进行着潜在的价值引导，是在潜移默化中努力"点亮"幼儿的心灵，让幼儿感受生命与世界的美好，从而饱含热情地迎接未来。因此，在计划"打开包装"活动时，教师不仅希望幼儿能够掌握技巧，还希望幼儿能够初步感受生活中处处蕴藏着需要我们悉心观察与琢磨的小技巧；开展"花样馒头真好吃"活动之前，教师不仅希望幼儿能够试着接受面食，还希望幼儿能够建立一种保持中立、客观尝试、积极品

鉴的态度；计划“夜里什么人不睡觉?”的活动时，教师不仅希望幼儿能够发现和了解身边一些默默奉献的人们，还希望幼儿能够感受到这个美好世界中有无数美好的人们正在共同努力；计划“设计楼层索引图”的活动时，教师不仅希望幼儿能够制作成功，还希望幼儿能够感受自己帮助他人解决问题所带来的快乐。

总而言之，幼儿园集体教学生活化之“生活”，不仅仅指代一类特定的内容，不局限于具体的生活技能或现象。它实际反映着一种态度、一种眼光、一种情怀、一种追求，要求我们在实施集体教学时能够更敏锐地珍视生活、利用生活；要求我们在实施集体教学时以更高位的格局看待生活、敬畏生活；要求我们在实施集体教学时以更虔诚的态度，让课程服务生活；要求我们继续努力，实现幼儿经验本位与幼儿发展本位，让幼儿的需要、兴趣、潜能得到更充分的发挥，支持幼儿追逐当下及未来的幸福。

第三节　怎么做：幼儿园集体教学生活化的实践要点

厘清幼儿园集体教学生活化“为什么”和“是什么”之后，接踵而来的是教学实践面临的更直接的问题——“怎么做”。可以说，“怎么做”的问题是十分复杂的问题，因为生活本身充满着不确定性，而课程本身也无绝对而具体的评价标尺。既然“怎么做”是一个实践命题，就必然有一些突破口可以让教学实践向教学理想再迈进一步。

研究的早期，我们一直向基地园强调集体教学要让教学活动“源于生活”“基于生活”“回归生活”。源于生活，强调集体教学应来源于幼儿的真实生活，满足幼儿学习和发展的真实需要，要在幼儿真实生活中探寻集体教学发生的必要性、价值及其适宜时机；基于生活，强调集体教学开展的逻辑和方法既要符合幼儿的学习发展规律，又要遵从幼儿生活的节奏、生活的特征，要促使生活经验与学习内容产生积极的联系，在教学活动的具体展开中实现幼儿生活、学习与生命成长的共振；回归生活，强调以可持续发展的视域、以幸福生活的格局审视集体教学的意义，让教学内容成为幼儿所喜爱的生活内容，又让幼儿在教学活动中所获得的知识能够在生活中得到深化、在生活中得到应用。

尽管这三个原则贯穿整个集体教学生活化实践的始终，但我们发现原则要能够落实在教学实践中，还需要有具体的教学技术作支撑，从而帮助教师进一步明确如何才能确保集体教学“源于生活”“基于生活”“回归生活”，实现集体教学的生活化转向。

基于与基地园教师的行动研究，研究团队逐渐摸索出了教学前、教学中和教学后的实践要点，以此尝试解决集体教学生活化究竟“怎么做”的问题。

一、集体教学生活化在教学前的实践关键词

虽然集体教学在实际开展中有具体的起始点和结束点，但两者之间的教师行为不是教师教学行为的所有。教师的教学行为早在活动开始之前就已经发生。集体教学前教师的思维和行为，很大程度上决定了集体教学的目标、内容以及方案。因此，在集体教学生活化的行动中，变革的努力也应当在集体教学前就开始发生。

与学科本位的教学活动相比，生活化集体教学更强调教学与生活的关系。“源于生活”“基于生活”“回归生活”的教学，意味着仅仅从教师个体的经验和抽象的知识出发去设计活动一定是不充分的，如何最大限度地观照幼儿的生活、实现教育的生活化是教师必须在教学前就应当坚定的信念和采取的行动。然而在实践中，有的教师欠缺的不是对相关理念的认同，而是在多大程度上能够从容地、扎实地、真诚地展开具体行动。

研究者以下将探讨集体教学生活化在教学前实践中应强化的关键词，以期检视或提升集体教学生活化的质量。

（一）洞察——在真实的生活中发现幼儿

教师的洞察，是指教师用“理性而有辨别力的眼睛”来为教学决策提供最有益的支持。教学前的洞察行为，不仅仅在于教师的“看”，更在于教师有意识、有意图地“看”，这在集体教学生活化的实践中尤其重要。集体教学生活化所要回归的生活是幼儿的生活，那是思维特征和生活经验与幼儿有别的成人所不能臆断的。因此，教师在集体教学生活化实践中，与其依赖“脑子”，不如相信“眼睛”。

教师要注意在以下四种情境下洞察幼儿的困惑与需要。一是幼儿眼中、口中的新鲜事。这蕴含着幼儿在鲜活的生命历程中独特的所见、所思、所感。例如，参观“鳌峰书院”的幼儿围着“茶艺吧”交头接耳，惊叹于小小的茶叶在沸水的作用下竟然能变大好几倍，像是拥有魔法一般！成人司空见惯的“泡发膨胀”现象，在幼儿的眼中竟如此新奇。二是幼儿认知冲突的发生。例如自助餐活动时，胃口好的幼儿吃得肚子圆滚滚，这一现象引发了同伴的热议，有的幼儿觉得他十分厉害，有的幼儿觉得这并不健康，那么到底是“多吃好还是少吃好?”，各执一词却似乎又都有一定道理的争执着实耐人寻味。三是幼儿尚难解决的问题。幼儿所经历的困难和所产生的愿望直接反映了幼儿独特的学习方式和发展需要。例如幼儿十分期待地将努力设计的楼层索引图投入使用，却效果不佳，为何其他班的幼儿看不懂呢？四是普遍有待加强的能力。例如日常生活中能够有序排队的幼儿，却总在集体游戏时抢占位置，可见幼儿遵守规则的意识还不稳定，提升幼儿的规则意识既需要幼儿的努力，亦需要教师的反思与行动。

这四类情境在幼儿真实生活中的发生既自然而然，又稍纵即逝，需要教师“敏锐而有辨识力的眼睛”去洞察。教师的洞察终将作用在教师的教学行为当中，有助于集体教学的逻辑起点回归幼儿生活。实际上，在日常的教育生活中，洞察并不是需要严肃以对或时刻警惕的任务，它更需要教师心中的信念，需要教师随时随地、锲而不舍地自我叩问：幼儿的生活世界到底如何？生活中的幼儿又究竟如何？

（二）感受——用赤诚的态度理解幼儿

洞察，可以让教师发现幼儿的生活以及生活中的幼儿，但还不足以解释幼儿。我们常常主张运用“分析”来实现对幼儿的理解，这种专业理性固然十分重要，但教师在与幼儿共同生活的真实情境下，感性的力量亦不容轻视。因此，教师在努力理解幼儿时，不妨在运用专业知识的同时，调动情感共鸣的力量，通过经验联系、换位思考去感受幼儿当前行为背后的原因与诉求。这需要教师用自然、自发、温暖而有力的态度去敬畏幼儿作为独特个体的价值与意义。

通过感受，教师可能会发现，幼儿对茶叶泡发的兴趣表面上是由物质形态的可变性所引发的，但实际是幼儿正在为日常生活中科学的存在和科学的妙用而感到好奇。通过感受，教师可能会发现，针对“吃多好还是吃少好?”“到底要吃多少?”的问题，幼儿在有限的生活体验及家庭特定的食育观影响下确实容易产生认识偏差，但幼儿对于饮食健康所表现出来的虽稚嫩但积极的倾向令人欣慰、值得呵护与深化。通过感受，教师或许更能理解幼儿兴致勃勃时遭遇“麻烦”的消沉。要进行从“具象”到“抽象”的图示表征，确实存在一定的困难，这与幼儿有限的经验有关，也与幼儿尚未成熟的空间能力有关。因此，正视问题并帮助幼儿找到问题解决的支架已十分迫切。通过感受，教师可能发现，对于规则意识和自我控制能力均尚未成熟的幼儿来说，持续在日常生活中建构经验比一味的要求和规训更具人文关怀且更有效。

有了感受，教师方能慢慢掌握幼儿独特的发展节奏、生活节奏和心理节奏，使得集体教学的内容离幼儿更近了一步——不是教师“看到了什么”就去肤浅地“教什么”，而是在所见的现象中挖掘出幼儿切实且紧迫的情感需要、经验需要和学习需要等，从“他们是这样的”的认知，深化为“他们之所以这样，可能因为……，需要……”的认知。因此，教师与幼儿共同生活时，不妨试着“再慢一些”“再从容一些”，为理解幼儿留出必要的时间和机会，让走近幼儿的每一步变得更加扎实。

（三）评判——以客观的立场辨析价值

开展集体教学生活化的行动，不是为了刻意提高集体教学在课程中的地位，而是努力使集体教学更进一步地发挥这一形式本身所具有的价值。因此，教师在集体教学生活化的实践中，不能形成“为了集体教学而集体教学”的思维，不能在洞察和感受之后就急于以集体教学的形式开展活动。教师要从客观的立场去辨析课程形式与实施价值。

具体来说，在横向维度上，教师应谨慎地审议活动形式的适宜性和必要性，灵活地融通不同活动形式（个别教学、集体教学、小组教学、生活体验等），让它们相互配合，从而共同地、有机地、整体地为幼儿的学习与发展服务；在纵向维度上，教师应关注课程实施的时机，思考究竟集体教学安排在哪个时间最自然、最有效，集体教学应该基于幼儿什么样的经验基础、如何让幼儿在最需要提升的时机得到最必要又有力的提升。总而言之，集体教学不是唯一有效的课程手段，在课程大背景下，其理想的运用情境应当是在幼儿“真问题”最有必要以集体学习的方式得到支持和推动时。

通过辨析集体教学这种形式的价值，教师会发现幼儿有关“膨胀”现象的已有经验以及幼儿对“生活中的科学”的感受，能够通过集体教学获得有效的梳理和升华；教师会发现幼儿了解“什么样的食量最健康?”还需要得到科学而明确的指引，而教学以集体中分组辩论的形式展开，有助于帮助幼儿整理经验、提高表达的能力；教师会发现对于幼儿难以自行解决的较为抽象的制图问题，集体教学有助于帮助幼儿明晰问题所在、调整不当的行为方式；教师会发现中班幼儿的规则意识虽然在排队、轮流取物等既定的、有外部提醒的环境下有所体现，但在其他的情境中仍不稳定，此时以集体教学形式进行适当的经验梳理和问题反思，相比临场强调规则，更有助于培养幼儿的相关能力。

要更好地实现“幼儿在前，课程相随”，形式的适宜性和内容的适宜性都至关重要。诚然，审议课程形式的必要性和价值，相对而言是教师目前并不熟悉也较难胜任的环节，但教师必须有意识地尝试。尽管目前较难确保结论的绝对合理，但审议的过程有助于提醒教师选择课程形式时保持客观，帮助教师进一步“去功利化”，更好地为幼儿与幼儿的生活服务。

（四）挖掘——用对生活的信仰去探寻资源

经过洞察、感受和辨析的过程，生活化集体教学的内容和目标基本得到确定，教师紧接着要思考课程资源的问题。要追求生活化的集体教学，教师在探寻资源时要更努力强化自身对生活的信仰，相信生活对于个体成长的积极意义，努力从幼儿的生活现象、生活经历、生活体验中挖掘出有助于幼儿建构新经验的有益资源。这些资源是幼儿亲历的活生生的资源，不是外部的、抽象的“教的工具”，而是属于幼儿的、鲜活的“学的养料”。它们来源于幼儿独特的生活，不仅能够帮助幼儿在教学活动中学习，还能帮助幼儿感受生活的意义，进而会生活、爱生活。

通过探寻资源，教师发现生活中常见的可泡发的物品除了茶叶以外，还有紫菜、黑木耳、香菇等；教师会发现幼儿在日常生活中具体的进餐行为和实际想法是探讨“多吃好还是少吃好?”问题最实在、最鲜活的素材；教师会发现幼儿使用自己设计的幼儿园楼层索引图时所发现的问题，特别是幼儿接收的真实反馈，既是当前的问题本身，又蕴藏着解决问题的重要突破口；教师会发现要进一步强化规则意识，不能一味地进行抽象的讲解，更要充分利用幼儿日常的排队，特别是那些容易被忽略的真实情境。

探寻资源是对幼儿学习需要的再度思考和对幼儿真实生活的再度细致回望。探寻资源会让教师的"教"从抽象走向具象，从而连接幼儿生活与幼儿学习，让幼儿生活与幼儿学习之间的关系在具体的教学活动中得以彰显。这个过程也将馈赠教师自身，让教师渐渐了解幼儿生活对于幼儿学习与发展的巨大力量：它们值得被看见，更值得被敬畏。

（五）设计——为幼儿的学习"量体裁衣"

在开展集体教学之前进行活动"设计"，本无可厚非，关键在于教师以何种价值观为导向来完成设计。设计生活化集体教学所应规避的是教师视角的"想当然"。在"我认为这个活动该这么上"的思维下，教师调动的往往是教师个体的教学经验以及对幼儿特点和需要的抽象想象。如此设计的方案，终究远离幼儿及幼儿的生活，哪怕教师在设想的过程中多么刻意地增加有关生活的元素，也还是教师以为的生活。

要设计出生活化的集体教学活动，教师的设计观应转向"眼前的这些幼儿需要我如何支持"。以隐喻来形容，"量体裁衣"较为贴切。其中，幼儿为"体"，课程为"衣"，设计出什么样的"衣"才最合适幼儿？一个优秀裁缝的作品会被称赞为"衣服裁剪得很'合体'"，那么，一个优秀教师也应该追寻对"体"的充分敬畏和对"合身"作品的不懈努力。

做"量体裁衣"式的教学设计，要求教师既要以幼儿的学习和发展为出发点，又要以幼儿的学习与发展为归宿，努力以幼儿现有的水平为基点、以适宜的发展水平为目标，搭建循序渐进的学习阶梯；要求教师将对幼儿的支持落实到幼儿生活中的具体现象中，直面他们真实的愿望与需要，特别是在完成活动设计之时要再度审视活动的意义、思考组织这个活动的出发点（缘起）是否得到了回应，以求幼儿真实的愿望与需要能够在集体教学中得到有益的支持；要求教师努力让教学前的洞察、感受、评判、挖掘等行为再次活跃起来，化为具体实在的教学方式和教学流程。

当然，强调生活化集体教学活动设计时的幼儿意识和生活意识，并不意味着仅注重幼儿意识和生活意识，除此之外，基本的教学原理和领域发展的核心经验依旧十分重要。它们并非此消彼长，更不是非此即彼，而是要在教师的实际行动中实现和谐交融。

可见，要开展高质量的生活化集体教学，此前必定要经历一段自然、敏感又理性的历程。虽然这个历程包含多个实践要素，但实际上它不但不会让教学变得更繁杂，反而会使得教师拥有更丰富的教学智慧，使得活动设计更加水到渠成——因为幼儿的需要会更加具体而真实，课程的资源会更加多元而丰富，教学的愿景也会更加明确而激动人心。这个历程还将赋予“备课”以更深刻的意义：“备课”不再只是为了实施课程，它本身也正在“叙述”着有关发现幼儿与审思教育的充满人文、充满赤诚又充满智慧的故事。

二、集体教学生活化在教学中的实践关键词

充分的、适宜的集体教学的准备，是实施高质量集体教学的必要条件，但并不意味着有了充分的教学准备，就一定能确保集体教学的生活化被高质量地实现。作为教学实施和实现教学目的的主体环节，教学过程是实现教学教育性的主要落脚点。教师在教学过程中的言行举止，直接影响了幼儿建构相关知识经验的方式与结果。因此，追寻生活化的集体教学，必须把握集体教学生活化对教学过程的要求。

以下研究者将就集体教学生活化在教学过程中的实践关键词进行论述，但需指出的是，文中所提出的关键词是置于生活化视域之下，是实施集体教学过程中的相对必要、典型又容易被忽视的要点，并不囊括有效教学视域下的所有实践关键点。

（一）唤醒——激活相关的已有经验和情感体验

幼儿园集体教学的生活化，是让幼儿园教学实践“回归”幼儿的生活世界，是从学科中心逻辑下抽象的、外部的知识转向有关幼儿现实生活中真实需要的“活的知识”。例如，活动“走开吧，蚊子！”主要探讨夏天恼人的蚊虫和预防蚊虫叮咬的方法，活动“午餐歌”旨在强化幼儿对美味午餐的期待和培养幼儿良好的饮食习惯。这种知识观的变革，在教学过程中促进了幼儿主体性的体现——幼儿不能被看成空洞的、被动的知识接收体，他们更有能力、更有需要成为积极主动的知识建构者。因此，幼儿独特的生活经验和情感体验，不仅是幼儿在教学活动中主动建构的逻辑起点，更是幼儿积极建构的重要资源。在集体教学的实施过程中，教师应敏感于幼儿生活经验和情感

体验的唤醒行为与唤醒程度。

在活动“走开吧，蚊子!”中，基于幼儿讨厌蚊子的心情和预防蚊虫叮咬的需要，教师通过“你们被蚊子咬过吗?被蚊子咬了会怎么样?有什么感觉?”“被蚊子叮咬的地方特别痒，怎么办?能一直挠吗?”“有什么方法可以让被蚊子叮咬的地方不那么痒?”等问题，调动幼儿相关的真实体验和经验，同时强化幼儿学习的动机，使幼儿对相关经验的建构更加积极主动。在活动“午餐歌”中，教师以歌唱的形式激发幼儿对午餐的积极情感体验。情感体验的发生以及情感表达的实现均需要将歌唱中的想象与真实生活相链接，因此教师对歌词进行了修改，引入了午餐的美食，让幼儿调动真实的午餐体验来学习歌词，进而使歌唱行为“由心而生”。

唤醒的对立面可以理解为对幼儿相关生活经验和情感体验的漠视。教师在教学活动中是唤醒还是漠视，实际上反映了教师对回归生活视域下教学价值的根本认识：教育的目的并不是要完成教师自己的教学任务，而是尊重和实现学习主体的主体性，促进学习主体对其生命成长的主动反思和积极建构。因此，教师应更充分地尊重与关爱幼儿的生活和幼儿本身，使幼儿真正以积极的主体形象活跃在教学活动之中。

（二）发现——感受真实的心声与需要

唤醒幼儿生活经验和情感体验，不仅有利于幼儿（促进幼儿知识建构的发生、主体性的实现），也有利于教师及其教学——它再次为教师提供了发现幼儿的机会，使教师在教学过程中继续审议或调整教学方案。这是使教学逻辑符合幼儿心理逻辑的必要阶梯，是实现教学主体性和实现生活回归的关键。

例如，某教师发现幼儿不爱吃蔬菜的现象后，开展了有关“多吃蔬菜益处多”的活动，希望强化幼儿多吃蔬菜的意识和行为。活动时，教师鼓励幼儿聊聊自己日常吃蔬菜的情况。一个幼儿的想法获得了众多幼儿的认同：“我知道多吃蔬菜是乖宝宝，但还是喜欢吃肉。”这让教师意识到在充斥着成人训导的背景下，幼儿对于蔬菜价值的认识或许比我们预想的要好，相比于宣传吃蔬菜的益处多，幼儿当下更需要的是品尝并感受蔬菜的美味。基于此，教师在后续的活动中适当增加了幼儿直接品尝的操作。

“发现”的对立面可以理解为对幼儿真实感受和想法的“臆断”。教师在教学活动中能否发现，抑或是臆断，反映的是教师对待教学与学习主体之间关系的基本态度：真正服务于幼儿学习与发展的教学，需要教师锲而不舍地研究幼儿。当然，倡导教师在活动中继续发现幼儿甚至做可能的教学调整虽在理论上成立，但行动起来确实存在困难。然而，困难并不是放弃的理由，教师为此所做的每一点努力，哪怕仅仅是反思，都值得鼓励与肯定。我们需要足够坚定地去发现幼儿、靠近幼儿，敬畏幼儿在包括教学活动在内的完整童年生活中的主权，帮助教师在尝试发现幼儿和实施发展适宜性教学的努力中获得更深刻的体验。

（三）交心——交融真挚的情感与情谊

教学活动以教师语言为重要载体。诚如苏霍姆林斯基在《谈谈教师的教育素养》一文所提出的，“教师的语言是一种什么也代替不了的影响学生心灵的工具”。教师语言的重要性已是一个老生常谈的话题，但我们在论及教师语言的有效性时，往往将有效的标准指向“讲得清晰明确，让幼儿听得懂”。因此，当我们分析教师的语言时，不难发现教师在教学活动中的话语总带着浓厚的“教导意味”，话语结构主要包括“要做什么”“是什么”“该怎么样”。从传统教学的视域上看，教师在教学活动中的“教导意味”似乎无可厚非，但在追寻课程生活化的实践中，我们或许更应该透过语言现象去进行有关生命成长的、有关师幼关系的、更富有人文意味的思考：究竟和什么样的人共处与交谈才能更好地收获成长与幸福？为此我们需要建立一种愿景：希望教学中的教师真诚、有趣又富有智慧，是幼儿成长的导师，更是幼儿的伙伴！

如果讲授“多吃蔬菜身体好”的教师自己就不爱吃蔬菜，那么在活动现场，也不用将自己置于幼儿群体的对立面，假装自己具有绝对理性的饮食观以及绝对健康的饮食习惯。研究者并不是说这样的“伪装”起不到教育的作用，但不妨想象，如果教师能再真诚一点，愿意与幼儿坦诚交心，在集体中真诚地展露和反思自己不爱吃蔬菜的原因以及所遭遇的问题，并请幼儿帮助或者和有同样困扰的幼儿共同想办法解决问题，甚至约定于一日生活中相互监督、共同努力改变，或许能够更深刻地触动幼儿、激励幼儿，实现师幼在生活中的共同成长。

“交心”的对立面可以理解为教师对自身感受、体验、经历的“封闭”。教师在教学活动中是交心抑或是封闭，反映的是教师对于师幼关系的认识和共同生活的期许。在课程生活化的愿景下，我们更需要追寻温暖、和谐和融洽的师幼关系。因此，作为具有一定主导权的教师而言，与其调整行事的方式，不如先从根本上改变为人的风格：开放自我、真诚以对，带着对美好生活的积极态度和幼儿交往，用真挚的情感，在具体的共同生活实践中与幼儿一起共同追寻更好的成长、更好的我们。

（四）拓展——寻找突破问题瓶颈的方法

生活化的集体教学关切幼儿成长生活中无法独立完成的挑战、无法独立解决的问题、无法独立获得的发展，并给予及时而有效的支持。换言之，幼儿对于集体教学的诉求在于经验或思维的拓展，即突破认知瓶颈、经验瓶颈，并由此获得豁然开朗的成就感与喜悦。然而，我们在教育实践中常常发现，有的教师在教学中往往容易忽略幼儿目前的行为特征，忽略幼儿当前的困惑，甚至将幼儿假设为毫无所知、毫无所想、毫无所谓的个体，借由维果斯基的“最近发展区”理论来描述即是：过于重视“潜在的发展水平”，而忽视“实际的发展水平”。我们必须认识到，生活化集体教学的对象不是一个简单的抽象体，而是由众多鲜活个体所组成的、教师所熟识的、具有特定特征的集合体。在实施教学行为之前，教师应有意识地了解这一集合体在日常生活中的实际表现，尽可能地利用有针对性的教学行为去解决幼儿日常生活中的问题。

例如，秋游时，教师观察到幼儿打开零食包装有困难后，开展了“打开包装”的活动。教师进一步观察，发现幼儿当前的困难不是打不开包装，而是因为急于打开而采取一些粗暴、容易出现卫生问题的方法。因此，活动设计的思路不是直接教授各种各样的方法，而是拓展幼儿有关打开包装的现有经验和技巧：活动中，教师呈现了幼儿常见的几类不合宜的行为，引导幼儿通过经验反思和行为探索，明白打开包装时不能心急，需要使用合理而又安全有效的技巧，并体验这些技巧是自己能够掌握的。

“拓展”的对立面可以理解为对新经验、新知识的“灌输”。教师在教学活动中是拓展还是灌输，反映的是教师对于自身作为引导者的价值定位：拓展式的引导服务于学习者的诉求，而灌输式的引导着眼于经验一体化的传递。有善于拓展思维的教师，才有善于解决问题的幼儿。一个善于拓展的教师是真正敬畏生命、敬畏生活、敬畏发展的。希望教师逐渐摒弃固有的“教导”“约束”习惯，成为幼儿生活的导师，看得见需要、找得到瓶颈、拿得准方法，帮助幼儿在集体教学中获得自我突破的路径与方法。

（五）链接——鼓励幼儿在生活中反思、迁移、应用

幼儿经过生活化的集体教学，会获得有关解决真实问题的新经验、新方法或有关认识现象的新态度、新角度。幼儿在集体教学过程中的收获，将会提高幼儿应对生活的能力，优化幼儿相关的情感、态度、价值观。这就是生活化课程对课程“回归生活”“高于生活”原则的遵循，是生活化集体教学所要追寻的意义所在。在实施集体教学的过程中实现对生活的回归，有着独特的作用：它发生在幼儿的认知和经验在外部启迪下得到突破的当下，是使幼儿的认识更深刻的时机。因此，教师在实施集体教学的过程中，要鼓励幼儿进行必要的反思、迁移和应用，实现新经验与生活之间的链接。

例如某教师发现中班幼儿在日常打招呼方面的困扰后，以音乐游戏的形式开展了生活化集体教学活动，希望通过游戏中轻松愉悦的氛围让幼儿体验打招呼的乐趣。然而，游戏中模拟的情境不同于幼儿在生活中所遭遇的情境，要支持幼儿迁移相关情感和经验，还需要教师进一步引导幼儿完成链接。为此，教师组织集体教学活动时结合了幼儿常见的生活情景，比如入园、离园等，实现了幼儿生活、游戏、学习的进一步融合，帮助幼儿在未来生活中实际应用经验。

“链接”的对立面是对生活情境、生活现象、生活情感等的“疏离”。教师在教学活动中是“链接”还是“疏离”，反映了教师有关幼儿发展目标的取向。前者承认教育与生活的相互认同与相互依存，是在培养“生活家”；后者将知识隔离在生活以外，可能培养出生硬的“知识人”。我们必须明确生活世界作为人类存在的基本场所本身是先于知识存在的，教育自产生之日、幼儿自出生之日起都从未离开过生活。这需要我们重构立足个体生活的发展观，从而在具体的教育教学行为中寻求教育与生活的应然关系，努力让教育与幼儿的生活联系起来，让幼儿与知识之间构建出紧密的、和谐的关系，助力幼儿成为生活的胜任者和受益人。

综上所述，集体教学的过程作为一种时间性存在，经历着一个有始有终的时间流程，但这个过程并不该是封闭的、寂静的、单向的，而应是暖心的、机智的、深刻的，是教师有目的、有计划、有组织地和幼儿一起讨论生活、分享经验、共同成长的幸福的旅程。我们也必须意识到，集体教学的过程还是一种人为的过程性存在，教师究竟如何认识教学、如何利用资源、如何使

用方法，直接影响着集体教学的质量。上文中所提到的要点以及所反映的幼儿意识和教学智慧，仍旧需要我们在教育实践中不断反思、不断超越。

三、 集体教学生活化在教学后的实践关键词

尽管集体教学在形式上有明确的结束点，但其所肩负的课程使命、所具有的课程潜力并不限于集体教学活动结束之时。当前，对集体教学延伸进行的主张，已成为老生常谈的话题。教师通常会以“教学活动延伸”的形式在教学后续继续实施课程。然而，教育实践中依旧不乏一些轻视集体教学后续的现象：教研活动现场，围绕活动过程的研讨火热，却极少关注教学后续活动的质量；教案中活动延伸的设计大同小异、如出一辙；教师虽完成了对教学延伸的设计，却并不重视其实施，实践层面没有较好落实或浮于表面；公开课现场，教师焦虑、紧张的神情在活动结束的瞬间消解，教学任务似乎就此完成……

那么，教学后续究竟应该怎么做呢？我们首先要厘清后续生活的意义：其一，生活是个富有连续性的整体。集体教学的结束，只是其中一环的结束，不意味着幼儿相关生活、学习或经验的结束；幼儿对相关问题产生的兴趣与需要依旧可能在后续生活中发生，需要继续得到有益的支持。其二，生活化集体教学最终是要回归生活，需要幼儿将所获得的新知识应用到现实生活中去，以生活的真正主人的身份去享受生活。可见，教学的后续生活样态与质量，是课程“回归生活”的直接反映和主要载体。

其次，我们要转变教学设计的视角：生活化集体教学主张课程以幼儿为主体、要服务于幼儿的生活，因此教学后续的应然不在于“教师要怎么做”，而在于探明幼儿的学习与发展究竟需要在教学活动后续得到什么样的支持。

为方便理解，下文将借助一个典型的活动案例——综合活动“交通标志”进行说明。读者不妨先思考自己会为“交通标志”的活动设计什么样的延伸活动。根据相关调查和了解，大多数教师会基于活动内容做相关性设计，例如在语言区继续投放有关交通标志的绘本，引导幼儿继续阅读或展开讨论；在美工区提供制作交通标志的材料，鼓励幼儿尝试制作交通标志；在数学区提供若干类型交通标志的材料，引导幼儿进行分类……

（一）强化：满足信息加工的基本需要

学习心理学认为，个体学习的发生不是简单的“刺激—反应”，其中需要经历复杂的信息加工过程：工作记忆需要不断从长时记忆中激活相关知识，通过与新刺激的相互作用来获得新信息的意义，从而保存到长时记忆中。在此过程中，学习者的信息加工水平以及学习任务的性质或难度都会对这一复杂过程产生影响。简言之，要支持幼儿的学习，需要从幼儿学习过程相关机制的视角提供必要的保障，这是在教学设计、组织和后续都应该详细思考并付诸行动的，具体在教学后续可以包括以下内容：

一是有助于满足幼儿持续性兴趣的活动，旨在满足幼儿在有限的教学活动时间内未能得到充分满足的兴趣或者弥补个体间基本操作机会分配的不均，确保幼儿积极的学习动机持续发挥正向作用。例如前文提到的在语言区投放绘本供幼儿继续阅读、交流就是典型的方法。

二是必要的重复性练习，旨在满足幼儿在有限的教学活动中未能得到充分满足的探索、操作、感知的需要，特别应关照学习能力相对较弱的幼儿。例如教师为个别能力欠佳或相关经验有所缺失的幼儿继续提供材料，通过延长信息加工的时间来支持他们进行信息加工，并进行有针对性的指导。

三是必要的变式练习，旨在进一步促进陈述性知识向程序性知识转化，促进知识迁移的发生。例如在语言区或科学区补充有关交通标志的图片以及其他公共场所的警示标志图片，在午间散步时带领幼儿一起探寻幼儿园里的标志等。

以上内容是基于幼儿学习的需要而提出的。充实的学习本身就是幼儿高质量童年生活的关键内容和重要特征。若仅仅从以上所列举的做法来看，似乎当前的实践已经十分强调学习的后续支持，但我们应当透过措施去审思教师制订相关计划并付诸实施时的思路：是从经验的视角“自上而下”地安排，还是从幼儿学习需要的视角“自下而上”地提供支持？这两种不同的思路将在课程层面表现出巨大的差异，例如同样都是在语言区投放绘本，但两种思路下开展的相关活动以及材料比例、活动规模、活动时间、教师干预程度将有所不同，这直接决定了幼儿不同程度的获益。

（二）迁移：将新的知识与技能运用于真实生活

人类学习的根本动力来源于对幸福生活的需要。满足幼儿对幸福生活的需要，是生活化教学的基本使命。生活化集体教学的终点并不在于传授知识与技能，而在于如何更好地为幼儿生活服务。在生活化集体教学现场，教师也能积极关注幼儿生活中的现象和问题，但集体教学现场的生活终究是模拟的生活，有别于自然、真实的生活。要实现集体教学对生活的意义，必定要从真实生活的视域看待课程与知识的实用意义，努力实现在教学现场以外的实际迁移、应用。新的知识与技能在真实生活中的应用，还可以成为评价学习的观测点，以便教师可从中发现幼儿知与行之间的实际差异，并提供进一步的支架。

例如幼儿在“交通标志”活动中感受了标志对解决秩序问题的意义，如果幼儿后续游戏中存在相类似问题，教师可以鼓励幼儿迁移经验、解决问题。例如，幼儿园公共通道中存在一些拥挤、无序的问题，教师可鼓励幼儿讨论和制作帮助疏导的标志。在幼儿制作完以后，教师可以鼓励幼儿协商并推选出公认的作品，共同想办法制作成结实、醒目、实用、可投放的标志并投放在相关位置，从而让标志真正发挥作用。这种在真实生活中对新的知识与经验的实际应用，可大大加深幼儿有关交通、秩序、标志、规则的认知与体验。（参见图 1-2，幼儿把设计好的标志投放到幼儿园门口；图 1-3，幼儿按照规则游戏）

图 1-2

图 1-3

若从生命成长的宏观视角来看，幼儿在集体教学中所习得的知识与技能总能在其一生中的某个时刻得到唤醒或应用，但在教学活动的后续积极促进这一应用的及时发生有着独特的意义：它有助于幼儿在体验高涨时直接经历“学以致用”的过程，有助于让幼儿深刻感受获得知识的有用和快乐，有助于让幼儿体验学习与生活的密切关系，有助于让幼儿真切体验自身对于现实生活的胜任力和胜任感。因此，在生活化集体教学的后续，教师应珍视幼儿迁移、应用新的知识与经验的需要及其所蕴藏的价值，敏锐地发现生活中相关的问题和情境，通过链接教学与现实生活，实现教学对生活的回归。

（三）检视：呼应活动缘起的真问题

生活化的集体教学强调教师要关注幼儿在真实生活中发生的对其学习与成长有重要意义的兴趣和所遭遇的困境，因此幼儿的需要，是教师发起教学活动的源头和逻辑起点。当前，真问题虽然在生活化的集体教学实践中逐渐得到重视，但重视的范围大多停留在活动内容和活动目标上。这便容易将真问题的解决局限于教学活动的现场。回到幼儿需要的立场上看，真问题的实际意义，需要在真解决的现实中才能得以发挥。因此，虽然在集体教学实施过程中应关注真问题的解决，但这绝不是检验真问题是否解决、真发展是否获得的唯一落脚点。真问题是否得到了真解决，还需回归到幼儿的现实生活中进行检验，这也是集体教学实际价值的一种体现。

活动“交通标志”缘起于幼儿不能很好地辨识城市中的交通标志，教师可以在活动后续运用多种途径进行检视：可以向家长了解近期幼儿对城市中交通标志的认知情况是否有改变、是否更懂得遵守交通规则、是否还存在其他的问题；再如在相关游戏中教师可以观察幼儿能否更好地利用标志来建立游戏规则或解决游戏问题。同时，教师亦要正视幼儿间的个体差异，以恰当的方式支持个别幼儿解决特定的问题，例如请家长进行必要的提醒或进行必要的知识渗透，或在角色游戏中教师以游戏伙伴的身份进行提示等。

总之，教师应在活动后续继续关注幼儿在活动前的真问题，及时、敏感地跟进幼儿真问题的实际解决。在集体教学后续的生活中进行检视，不仅需要教师的重视，更需要教师有虔诚的态度。教师要能够客观、勇敢地直面问题未能切实解决的可能性，并提供进一步的支持。

（四）拓展：满足幼儿衍生的新兴趣、新需要

生活化集体教学的作用，不仅在于支持幼儿过好当下的生活，还在于引领幼儿的现实生活和创造幼儿的理想生活。这便需要生活化的集体教学能以更开放的姿态回应幼儿经由集体教学而产生的新的兴趣与需要。这些新兴趣、新需要，会在集体教学过程中通过幼儿的情感、言语或行为得以展现。然而，

幼儿的新兴趣、新需要往往发生在教师的意料之外，要在高结构规划的教学现场中得到充分的满足或解决并不容易，因此需要在教学活动的后续得到必要的支持。我们常常会将后续课程行为称为“课程的生成”或“课程的推进”，表面上看，它是课程建设与实施的一种思路；但从深层意义上看，它更是对“教学相长”的直接反映，是让课程服务于幼儿的实际行动。

随着对交通标志的认知的加深，幼儿可能会对“标志物”产生兴趣，由此延伸出其他有关标志的相关活动，如活动“公园标志知多少”“寻找幼儿园里的标志”等；幼儿也有可能对公共生活环境中的规则产生兴趣，由此延伸出有关规则的相关活动，如活动“入园不混乱”等；幼儿还可能对方位指令感兴趣，由此延伸出有关看方位标志快速反应、反方向行动等游戏。这些在教学活动后续衍生出来的活动，不仅具有重要意义，而且能与教学前的实践共同构建出完整而有意义的生活连续体。

由此可见，基于幼儿新兴趣、新需要所拓展出的课程是丰富多元的，既可以是教师有计划、有目的的游戏活动或教学活动，也可以产生于幼儿自然的在园生活、幼儿在园外的家庭甚至社区的生活。教师需要以真诚的态度回应幼儿，以开放的方式去满足幼儿的需要。但在教育实践中，教师需要警惕这样的现象，即认为拓展得越多越好，为课程的推进而生硬地推进。我们需要明确：拓展的核心价值不在于其本身及外部形态所表现出来的规模，而在于对幼儿学习与发展的实际支持程度。因此，教师在教学后续拓展的课程，应坚定以幼儿的发展、幼儿的需要为基本立场，确保所拓展的内容不是源于自身“头脑风暴”式的联想；应坚定用客观而辩证的态度去权衡所拓展的课程与其他课程内容的价值，从而进行理性的抉择。

（五）反思：对幼儿、生活、教学的再度思考

以上提出的有关教师在生活化集体教学后续的行动，基本属于教师典型教学行为的范畴。除此之外，教师基于实践的反思亦必不可少。虽然教育反思并不能直接地发挥教育功能，却同样是保障幼儿高品质童年生活的条件：善于反思的教师，有着较高的自我觉察水平，能够及时发现问题，修补课程实施的缺漏；善于反思的教师，追求“知行共生”的教学，敏于修正实践性知识，以适应幼儿成长的步伐；善于反思的教师，具有积极而饱满的人格，自谦而上进，是幼儿共同生活的伙伴……实际上，很多教师经常在集体教学

后续进行反思，但反思内容往往以教学活动的设计与组织过程为主，涉及活动内容、教学材料、教师的言语及引导方式等。出于对高质量生活化集体教学的追求，反思教学活动的设计与组织过程确实具有重大的意义，但不应是教师反思的全部内容——生活化集体教学不仅有关教师教的行为，还涉及幼儿及幼儿的生活。因此，我们倡导在生活化集体教学后续进行教学反思，不仅要反思集体教学过程，而且要透过集体教学去发现幼儿、发现幼儿的生活。

例如通过“交通标志”的活动，教师可以尝试分析幼儿在活动前后所表现出的对待社会现象及社会规则的经验、兴趣和应对能力；可以归纳自己的哪些行为切实地帮助了幼儿，提高了幼儿感知世界、解决问题的能力；可以发现不同的课程形式如何以幼儿的经验和需要为基点实现融会贯通……相比传统评课对“教”的过度关注，这些反思是教师真诚地迈进幼儿生活世界的阶梯。

当然，以上所提及的要点并不是全部都要在活动后续中得到落实，但是它们应当成为教师思考、设计与组织后续活动的支架。总体来说，这样的思路反映了教学逻辑的变革。相比于前文提到的基于教学内容的相关性设计逻辑而言，它转向了基于经验的幼儿发展中心逻辑。这一逻辑，既尊重了作为连续体的生活，也尊重了作为完整体的课程，更尊重了作为能动体的幼儿。

生活往往在其纵向的时间维度上体现连续性的现实意义，这便需要教师以课程的前、中、后来积极回应该连续性的意义。本章节有关教学前、中、后的实践要点正是期盼让“有始有终”的活动成就完整的幼儿和完整的幼儿生活。或许，这些要点并不陌生，但并不意味着我们在教学实践中已充分地落实。我们在学习这些关键点之前，不妨先反思我们通常是怎么做的、在哪些方面还有所欠缺。这实际上是期待教师在教学实践的每个历程中都能够有意识地自我提醒：我们究竟离幼儿有多远？究竟离幼儿的生活有多远？

我们的研究还在路上，不断的反思与超越是行动研究的使命。或许未来，这些关键词会衍生出更多，或变得更精练，但任何的改变都是我们所期盼的，因为它们来自我们对生活与教育矢志不渝的信仰！

第二章　小班集体教学实例与分析

不浪费粮食

厦门市思明区思明幼儿园　刘小青　骆思咪

◆活动缘起

开学初，部分幼儿饮食时发生了浪费食物的行为。

幼儿生活中的具体现象，且这种现象具有一定的普遍性。[源于生活]

镜头一：午餐食物品类丰富，营养均衡。有些幼儿不喜欢吃青菜。一天，芊芊剩了很多青菜，就结束了午餐。教师看到后，对她说：“宝贝，青菜有营养，我们要把它吃完，不能浪费哦。”芊芊听完后，嘟囔着：“我不喜欢吃青菜。”教师说：“我们要多吃青菜，才能长高哦。”芊芊回到餐桌，时不时用勺子搅一搅青菜，还是不愿意吃。

镜头二：下午的点心是面条。东东喝完了面汤，吃了几口面条，之后趁教师不注意时将剩下的面条偷偷倒在垃圾桶里。东东的行为被教师发现了。教师问他：“面条多好吃啊，你怎么吃了几口就倒掉了呢？”东东回答：“我吃不完面条……”教师说：“可是阿姨这么辛苦给大家做饭，她看到你这样浪费会很伤心的。”东东羞愧地低下了头。

镜头三：美美在吃饭时总是东张西望，使得饭菜撒到桌上、地上。教师多次提醒她："吃饭要专心，不要将饭菜吃得到处都是，会浪费食物的。"教师提醒她要坐直、端好碗，专心地吃饭。虽然美美在教师的目光下能注意改正自己的行为，可当教师离开不久又不专心吃饭了，饭菜掉落的现象仍存在。

镜头四：午餐后的自由活动时间，先吃完饭的幼儿可以先去玩玩具。乐乐也想去玩，只见他快速地把饭吃完，举手，对教师说："老师，我吃完饭了，可以去玩了吗?"教师走过去，瞧了瞧乐乐的碗，碗底还剩了一些饭菜，便拉住他，说："虽然你基本上把饭菜吃完了，但是你没有吃干净哦。"乐乐回答："可是我吃完了呀。"于是教师拿起勺子，刮了刮他碗底的饭粒和菜叶，说："你看碗底还有食物，你没有吃干净。"乐乐看到后，一脸无所谓地说："哎呀，就剩那么一点点，没关系。"说完后，他就跑去玩了。

上述情况的具体情境和幼儿的行为虽不同，但都属于浪费粮食的行为。教师反思自己对这些行为的干预，发现采用单纯的言语指导方式没有收到改进幼儿行为的效果，幼儿在教师的提醒后并未发生太多的改变，甚至有些幼儿无动于衷。

不仅对幼儿的行为进行分析，也对教师的教育行为进行反思。[源于生活]

教师通过微信平台及离园接送环节与家长沟通了幼儿浪费食物的现象，但在沟通的过程中发现有的家长对此问题并不十分在意。一些家长更关注幼儿吃了什么、爱不爱吃等问题。这说明在日常生活中家长的态度、示范、引导可能尚有不足。虽然小班幼儿在社会认知和行为控制方面有其年龄特点，但有必要引导他们从小爱惜食物。因此，教师计划开展一次集体教学活动，强化幼

考虑幼儿浪费粮食问题产生的家庭因素。[源于生活]

儿相关方面的认知，培养幼儿爱惜食物的情感，并希望幼儿在生活中将认知和情感逐渐转化为行动。

◆以集体教学形式开展活动的价值辨析

一、有助于重点引导幼儿在日常生活中改正不良饮食习惯。教师看到班上幼儿挑食、丢弃食物等行为时，能及时教育幼儿，但是效果不佳。这可能是因为教师的指导行为存在问题。单一的随机性说教，不能很好地引起幼儿的重视，需要开展专门性的集体教学活动予以强化。

二、有助于帮助幼儿梳理零散的经验、反思生活中的行为，从而形成积极的认知。教师在集体教学之前，可以有针对性地记录幼儿身边的人和事：幼儿吃饭时浪费食物的现象，幼儿园厨房工作人员买菜、洗菜、切菜、炒菜的辛苦劳动场面，爸爸妈妈下班后赶着买菜回家煮饭的情景……活动中教师播放所收集的材料，可以帮助幼儿梳理零散经验，有助于引导幼儿自我反思并形成积极的认知。

三、有助于强化幼儿有关劳动付出和粮食价值的认知。由于幼儿心智尚未成熟，缺乏对劳动付出和粮食价值的正确认识，需要得到明确的支持与引导。因此，教师可以借助厨房工作人员和爸爸妈妈买菜、煮饭时的照片或录像，使幼儿充分感受厨房工作人员、保育员、爸爸妈妈劳动的辛苦，初步了解粮食的来之不易，懂得身边的人为自己的美味饭菜付出了努力，为幼儿逐步养成良好的进餐行为习惯做铺垫。

◆活动设计/过程

【活动目标】

• 初步了解食物来之不易，知道浪费粮食是不好的行为。

• 感受劳动的不易，愿意尊重他人的劳动成果。

• 逐步养成不浪费食物的良好习惯。

【活动准备】

·材料准备：食物照片，动画片《米饭粒粒皆辛苦，珍惜粮食不浪费》片段，幼儿园厨房工作人员工作的照片及录像，家长买菜及做饭的照片，幼儿吃饭时浪费食物现象的照片。

呈现的是幼儿熟悉的真实情景，展现了幼儿浪费粮食的问题。[基于生活]

【活动过程】

一、观看吃饭时浪费食物现象的照片并讨论。

播放幼儿吃饭时浪费食物现象的照片，引导幼儿观看并讨论。

充分调动幼儿的生活经验，并吸引幼儿参与活动。[基于生活]

图 2-1-1

提问：老师发现有些小朋友有浪费食物的表现，他们这样做对吗？为什么？

二、观看动画片《米饭粒粒皆辛苦，珍惜粮食不浪费》片段，初步了解食物来之不易。

播放动画片《米饭粒粒皆辛苦，珍惜粮食不浪费》片段。

提问：为什么要珍惜粮食呢？

小结：粮食来之不易，对吗？农民伯伯从播种到锄草、施肥、收割，不知洒下了多少汗水。

我们应该做珍惜粮食的小朋友，不能浪费粮食。

三、真实体验：好吃的饭菜是从哪里来的？

熟悉的生活情境有助于唤醒幼儿真实的情感体验，感受身边人劳动的辛苦。［基于生活］

（一）讨论：幼儿园里好吃的饭菜是从哪里来的？

1. 播放幼儿园厨房工作人员工作的照片及录像，引导幼儿了解好吃的饭菜是厨房工作人员辛苦制作的。

图 2-1-2

图 2-1-3

引导语：我们平时在幼儿园吃的饭菜也来之不易，让我们看看厨房的工作人员是怎么变出美味的饭菜来的。

话题 1：厨房阿姨备菜忙。

提问：厨房阿姨在干什么？为什么要把菜切得这么细？

话题 2：厨房阿姨做菜辛苦。

提问：洗好、切好菜后，能直接吃吗？

2. 小结：为了让我们吃上可口的饭菜，厨房工作人员很辛苦。

（二）讨论：家里好吃的饭菜是从哪里来的？

引导幼儿观看、描述家长买菜及做饭的照片，感受好吃的饭菜来之不易。

提问：爸爸妈妈（爷爷奶奶）做的饭菜好吃吗？家里的饭菜又是怎么来的呢？

小结：原来爷爷奶奶和爸爸妈妈也非常辛苦，为了能让家人吃上热腾腾的饭菜，他们要辛苦准备饭菜。

四、情感提升，致敬身边的劳动者并珍惜和感谢他们的劳动。

（一）引导幼儿表达自己的想法，并鼓励幼儿反思自己的行为。

（二）提问：宝宝们还很小，没办法自己准备饭菜，要辛苦身边的人为我们准备食物，我们该对他们说什么？（引导幼儿感谢他们的劳动）除了说“谢谢”，我们还应该怎么做呢？（鼓励幼儿表达：吃饭时要把碗里的食物吃干净，不掉在桌上和地上，不挑食、不浪费等）

经验的延续和拓展，鼓励幼儿将反思落实到具体的日常行为之中，达成活动预期的目标。[回归生活]

五、与幼儿约定并结束活动。

小结：今天我们了解了为我们准备食物的人非常辛苦。小朋友们很棒，知道要感恩。从今天开始，我们在班上比一比，看看哪个小朋友能做到不浪费粮食，看看哪个小朋友的进步最大。

【活动延伸】

· 生活活动：日常生活中强化不浪费食物的行为；表彰“光盘”行为，将相关的照片贴在墙面上展示。

· 家园共育：在“家园联系栏”中展示幼儿进餐习惯培养的目标及请家长配合的内容，使家长了解幼儿园的要求，请家长关注幼儿的相关行为并进行适当的引导，巩固幼儿良好的进餐习惯；在家长会上和家长一起探讨培养幼儿良好进餐习惯的方法和途径，通过交流达成一致。

家园合作，进一步强化幼儿良好的进餐行为。[回归生活]

◆反思与推进

一、幼儿的学习与发展

（一）幼儿知道了浪费粮食是不好的行为，逐步重视浪费粮食的问题，发展了分辨是非的能力。

（二）幼儿通过观看相关照片及录像，能从不同角度感受身边为自己服务的人的辛苦，萌发用言语表达感谢的愿望，并懂得用实际行动来表达珍惜他人劳动的情感。

（三）幼儿能主动运用已有经验分析看到的问题，在解决问题的情境中建立起爱惜粮食、节约粮食的意识。

二、活动亮点

（一）教师综合运用了生活中的资源，例如厨房工作人员劳动的照片及录像等。

（二）活动中，幼儿对正确的行为有直观的感受和认知，知道具体应该怎么做。

（三）活动环节层层递进，凸显源于生活、基于生活、回归生活，有助于幼儿养成良好的生活习惯。

三、活动后续

活动结束后，正逢全园开展"节约粮食，我'光盘'"的班级评选活动，教师认为这是验证幼儿浪费食物行为是否有所改善的契机。于是，教师鼓励幼儿餐后一起去看看班级的厨余垃圾桶。幼儿发现厨余垃圾桶里有倒掉的饭菜，然后围绕着"是不是有小朋友没吃完的饭菜?"议论起来。此时，教师再次提醒幼儿："我们不能浪费食物，不能挑食，只有吃剩的骨头、水果皮等才可以倒进厨余垃圾桶里。"接下来的几天，有些幼儿吃完饭后会主动站在垃圾桶旁，看看会不会有人偷偷把饭菜倒进垃圾桶。见此情景，教师暗喜，因为幼儿的行为发生了变化，虽然进步是微小的，但也值得为他们点赞。良好的行为习惯不是一朝一夕就能养成的，需要教师日后持续不断地引导、培养。

呀，是肚脐眼

厦门市秀德幼儿园 郭雅莉 吴志青

◆活动缘起

自由活动中，豆豆掀开自己的衣服给同伴看自己的肚脐眼，还用手摸了摸肚脐眼，然后抠肚脐眼，说："你看，我这里有一个洞。"轩轩见了，也掀开自己的衣服，说："我也有，它也是一个洞。"他俩就这样掀着衣服玩闹着。旁边的幼儿也纷纷模仿他们的行为。小班幼儿爱模仿，并未意识到一些动作的不适宜。教师一方面担心幼儿露出肚脐眼会受凉，另一方面想提高幼儿的安全意识，于是在语言区投放了绘本《是谁的肚脐眼》，希望幼儿通过阅读，认识肚脐眼并了解肚脐眼的作用，学会保护好自己的肚脐眼。绘本《是谁的肚脐眼》投放后，幼儿对"肚脐眼"这个话题更加感兴趣。他们讨论肚脐眼的形状，对肚脐眼充满了好奇，甚至在角色游戏中也会观察布娃娃的肚脐眼。

幼儿生活中出现的不适宜行为。[源于生活]

幼儿真正感兴趣的问题。[源于生活]

从对幼儿的观察中，教师发现一些有趣的现象：第一，幼儿对于肚脐眼的形状特别感兴趣，对自己及同伴的肚脐眼甚至角色游戏中布娃娃的肚脐眼感到好奇。第二，"肚脐眼"在这段时间经常成为幼儿聊天的重点内容，幼儿多使用"大""小""圆"等词语，对"深""浅""凹""凸"等词语有感知但使用起来存在困难。第三，绘本《是谁的肚脐眼》投放后，幼儿对肚脐眼的兴趣更

观察幼儿生活中存在的问题，考虑多数幼儿需要解决的问题。[源于生活]

加浓厚，与此同时，掀衣服、抠肚脐眼的现象也随之增多。第四，个别幼儿在讨论“肚脐眼”话题时常常使用一些多余的口头语，少数幼儿出现口吃现象，如“呃……那个，这个是我的肚脐眼”等。

基于这些现象，教师发现：幼儿对肚脐眼依旧感兴趣，通过阅读绘本《是谁的肚脐眼》，知道了生活中比较熟悉的水果的“肚脐眼”以及自己的肚脐眼。然而，幼儿在描述肚脐眼的特征时用词单一，表达不流畅。为了帮助幼儿建构完整的经验、支持幼儿充分表达自身的想法和体验，教师准备以谈话活动的形式围绕“肚脐眼”组织集体教学活动，营造出一个让幼儿敢说、愿意说、喜欢说的氛围。教师从幼儿在角色游戏中观察、探索布娃娃肚脐眼的现象中，能感受到感官的体验对幼儿来说也十分重要，因此，教师将引导幼儿通过看一看、摸一摸肚脐眼，说一说肚脐眼的特征与作用，进一步引导幼儿共享和拓展经验，从而丰富幼儿的词汇，引导幼儿从多角度对事物进行描述。

对幼儿的需要进行进一步分析。[基于生活]

从幼儿日常的行为中发现适宜的教学形式或教学策略。[源于生活、基于生活]

◆以集体教学形式开展活动的价值辨析

一、有助于激发幼儿交流的兴趣。幼儿是谈话活动的主体。教师在谈话活动中不仅要考虑幼儿的需要和兴趣，还要充分尊重和体现幼儿参与的自主性。教师准备开展“呀，是肚脐眼”的活动，是希望引导幼儿围绕“肚脐眼”，以自由交流、分组交流和集体分享的形式进行谈话，培养幼儿交流能力，充分体现幼儿在活动中的主体地位。

二、有助于幼儿获得对同一问题的共同理解。幼儿通过在集体活动中有意倾听、互相交流，可在原有经验基础上进行经验共享，在较短的时间内对同一个问题获得共同的理解。

三、有助于幼儿对事物进行多角度的描述，丰富幼儿的词汇。有丰富的生活，才有丰富的谈话内容。教师希望通过引导幼儿摸一摸肚脐眼、看一看肚脐眼的样子，鼓励幼儿互相说一说自己所看到的、所发现的肚脐眼的特征，从多角度描述肚脐眼；支持幼儿用较完整的句子来描述肚脐眼的特征。教师将利用小结，丰富幼儿的词汇，提升幼儿的语言交流经验。

四、有助于幼儿调动原有经验、拓展新经验。教师准备在活动中通过游戏，不断调动幼儿已有的经验，让幼儿在互动中观察、学习、理解、表达，了解生活物品原来也有“肚脐眼”，并且每个“肚脐眼”都有它的作用。

◆活动设计/过程

【活动目标】

· 能围绕“肚脐眼”参与谈话，并说出肚脐眼的特征及作用。

呼应幼儿的发展需要。[源于生活]

· 能感知多种物品的“肚脐眼”，并用简单的形容词描述。

· 进一步了解肚脐眼的重要性，知道保护肚脐眼的方法。

【活动准备】

· 经验准备：幼儿已阅读绘本《是谁的肚脐眼》，看过、摸过自己的肚脐眼。

· 材料准备：肚脐眼图片，气球、皮球、仿真水果、仿真包子、仿真花等，录像、课件。

合理利用生活中现成的资源。[基于生活]

· 环境创设：在活动室的周围贴肚脐眼的图片；在幼儿座位后面摆放三张桌子，方便幼儿自选材料。

【活动过程】

一、玩一玩：游戏“肚脐眼变变变”。

引导语：今天老师要和你们玩“肚脐眼变变变”的游戏，我们现在都是肚脐眼宝宝，变大啦（引导幼儿做张开的动作），变小啦（引导幼儿做缩小的动作）。还能怎么变？一起来！

有助于调动幼儿的已有经验。[基于生活、回归生活]

二、说一说肚脐眼的特征。

（一）出示肚脐眼图片，激发幼儿的兴趣。

提问：咦，肚脐眼变到哪里去了？你们看，这是谁的肚脐眼呢？你们有肚脐眼吗？你们的肚脐眼在哪里？

（二）引导幼儿摸摸肚脐眼，说一说感觉。

提问：谁能说说自己的肚脐眼是什么样子的？你洗澡时摸过自己的肚脐眼吗？摸起来有什么感觉？

链接前期活动的经验，有助于唤醒幼儿真实的情感体验。[基于生活]

（三）引导幼儿观察肚脐眼图片，交流肚脐眼的特征。

引导语：今天老师把肚脐眼的图片贴在活动室的周围，请你看一看，边看边和旁边的小朋友说一说你看到的肚脐眼是什么样子的、有什么不一样。

图 2-2-1

小结：我们的肚脐眼都不一样，有的是圆形的，有的是扁扁的；有的很大，有的很小；有的是凸的，有的是凹的；有的深，有的浅。

呼应前期发现的问题，实现经验的突破。[基于生活]

（四）引导幼儿了解肚脐眼的作用。

提问：我们每个人都有一个肚脐眼，我们的

肚脐眼有什么作用呢？

小结：原来每个人都有一个肚脐眼，它是妈妈输送营养给我们的纽带，很重要哦。

（五）引导幼儿保护肚脐眼。

提问：既然我们的肚脐眼那么重要，那么我们应该怎么保护它呢？

小结：我们要保护好我们的肚脐眼，穿衣服时要把它盖住，睡觉时要把被子盖好，避免风从我们的肚脐眼跑进去而着凉。此外，我们不能用手去抠肚脐眼，这样会引起感染。

三、找一找生活物品的"肚脐眼"。

（一）引导幼儿看一看、摸一摸、说一说生活物品的"肚脐眼"。

图 2-2-2

提问：小朋友们都有肚脐眼，那生活中物品也有"肚脐眼"吗？老师给小朋友们带来了一些东西，请小朋友们看一看、摸一摸、找一找，和身边的小朋友讨论一下，这些东西有"肚脐眼"吗？它们的"肚脐眼"长什么样子呢？有什么用？

经验的延续，让幼儿持续体验探索、行动的乐趣。[基于生活]

（二）引导幼儿用简单的形容词描述物品的"肚脐眼"，适时地拓展"深""浅""凹""凸"等词语。

（三）播放录像，梳理提升并总结。

引导语：原来生活中一些物品也有"肚脐眼"，长得都不一样，有绿绿的、扁扁的、长长的、黄黄的、大大的，而且它们都有自己的作用。让我们一起来看看录像中物品的"肚脐眼"。

四、寻找幼儿园里其他物品的"肚脐眼"。

引导语：刚才我们看了生活中许多东西的"肚脐眼"，幼儿园里其他东西有"肚脐眼"吗？我们再一起去找找吧！

【活动延伸】

• 区域活动：在语言区继续投放有关肚脐眼的绘本供幼儿阅读，引导幼儿发现生活中其他物品的"肚脐眼"在哪里，说一说它们的具体作用是什么。

• 生活活动：引导幼儿在一日生活环节中找一找生活中物品的"肚脐眼"。

• 家园共育：请家长关注孩子对肚脐眼的兴趣，警惕孩子因对肚脐眼的兴趣养成如抠肚脐眼等不健康的习惯。

◆反思与推进

一、幼儿的学习与发展

（一）幼儿在观察与分组讨论的过程中，能积极与同伴互动，大方地表达自己的想法。

（二）幼儿能够运用更加丰富的词语。

（三）幼儿对生活物品的"肚脐眼"更加好奇、感兴趣，能链接相关经验和认识。

（四）幼儿进一步感受了肚脐眼的重要性，懂得保护肚脐眼的方法，提升了自我保护的意识。

二、活动亮点

（一）本活动依据小班的年龄特点，凸显情境化、游戏化、生活化，充分尊重幼儿的自主性。

（二）活动通过四个环节的逐渐深入，引导幼儿在游戏中发现、探究、再发现，进而解决问题。

（三）教师鼓励幼儿从多个角度获取经验，培养幼儿的自主交流的能力，促使幼儿有关“肚脐眼”的经验和表达能力得到了一定程度的提升。

三、活动后续

本活动来源于幼儿的生活，最后回归幼儿的生活。在后续的活动中，教师支持幼儿继续拓展相关经验，关注物品的“肚脐眼”。例如自然角种植了美丽的波斯菊，教师可以引导幼儿关注、讨论波斯菊的“肚脐眼”就是它的花蕊。

给你爱的抱抱

厦门市秀德幼儿园　林　曜　吴志青

◆活动缘起

小班幼儿逐渐适应了幼儿园生活后，在积累生活经验的过程中时常发生一些趣事。最近有关“抱抱”的事情就很有趣。

一次，欢欢和阿慈在“娃娃家”玩游戏。两个人都要“锅铲”，谁也不让谁。最后，两个人都哭了。教师分别安抚他们。等他俩和好后，教师问：“你们还是好朋友么?”两人点点头。教师又问：“你们刚刚吵架，都很伤心呢，可以怎么安慰一下对方呢?”炜宁在旁边说：“可以抱抱。”但欢欢和阿慈并未采纳炜宁的意见，转身继续游戏。

沫希和几个幼儿在植物角看到了一只蜘蛛。她们跑回活动室，告诉教师她们很害怕。教师一边蹲下来抱着她们，一边安抚她们："老师抱抱，没关系的。"她们情绪稳定后，重新参与游戏。

教师观察到班级多数幼儿在难过、害怕、发生争执时需要得到情绪的安抚，具有安抚作用的肢体动作，如抱抱，对小班幼儿来说十分重要。于是，教师在语言区投放了绘本《抱抱》，希望幼儿通过阅读绘本引发共鸣。果然，这本绘本引起了幼儿的关注。他们很喜欢各种不同的动物抱在一起的画面，于是班级活动室里经常出现幼儿抱抱的现象。然而，抱抱也引来了一些问题，例如幼儿间的相互冲撞，甚至出现好几个人缠在一起的情况。可见，幼儿更多的是将"抱抱"当作一种游戏，不同于教师之前对"抱抱"的社会性的理解。

考虑多数幼儿的需要。[源于生活]

基于幼儿行为表现中的一些问题。[源于生活]

在相关情境中，"抱抱"的意义又有了不同。逸凡入园后因分离焦虑伤心地大哭。炜宁碰巧看到，就走到逸凡身边，抱抱他，一句话也没说。她看到逸凡继续哭泣，又抱了他几次。炜宁的安慰行为很温暖，但他似乎依旧不懂得如何安慰，只是默默地站在旁边不知要怎么办。于是教师便走过去，轻轻抱着逸凡，一边轻拍他的背，一边用话语安慰他，等他情绪缓和了，询问他哭泣的原因。他说想妈妈了。教师告诉他以后想妈妈的时候可以做一些让自己觉得舒服的事，比如可以抱抱老师或者同伴。在类似的情境中，多数幼儿在遇见别人哭泣或者寻求安慰时，只是抱抱同伴，一言不发。

基于幼儿表现出来的问题。[源于生活]

经过一段时间的观察，教师发现：第一，幼儿在特定的情绪下有抱抱的需要，也对抱抱感兴趣。第二，幼儿愿意通过抱抱传递对教师及同伴的关爱，但多数幼儿主要通过动作来表达，还无法将语言与动作结合起来，表达抱抱这个动作背后的情感。第三，当幼儿自身产生害怕、难过的情绪时，想要得到他人的安慰，却不会用语言或适当的行为来表达自己的需要。第四，绘本《抱抱》的投放，让幼儿对抱抱这一行为有了初步的认知，但他们通过自主阅读只能看到画面传递的信息，还无法理解绘本中抱抱所表达的情绪，需要引导。第五，幼儿有时会将“抱抱”视为一种游戏，兴奋时出现冲撞或拥挤的问题，存在安全隐患，并且引起同伴的不适。

对教育行为的效果进行反思。[源于生活]

教师通过分析，认为：小班幼儿思维具体且形象，较多地用肢体动作来表达自己的想法与感受。虽然这个阶段他们的词汇量尚不足，但具备了一些基本的、能够安慰对方的语用能力。如何引导幼儿将抱抱的行为、安慰的初衷结合起来，深化幼儿现有关于“抱抱”、安慰的认知和情感？基于以上问题的分析，教师决定组织专门性的集体教学活动，并在活动中借助绘本《抱抱》，引导幼儿有重点地学习，帮助幼儿体验有关“抱抱”的不同情感、作用及注意事项，引导幼儿基于自身的生活经验来理解绘本内容，鼓励幼儿完整地表达有关“抱抱”的感受，同时进一步感受集体的温暖和爱。

对幼儿当前的学习需要进行总体分析。[源于生活、基于生活]

基于幼儿现有水平，分析幼儿可能在集体教学活动中得到的发展。[源于生活、基于生活]

◆以集体教学形式开展活动的价值辨析

一、有助于幼儿将单一的肢体语言形式转换为口头语言与肢体语言相结合的形式。小班幼儿愿意表达自己的需要和想法，必要时会利用动作达到表达的目标。对于“抱抱”，前期游戏中班级幼儿对肢体动作更感兴趣。集体教学活动可通过话题的提出、共同讨论、尝试等，帮助幼儿实现口头语言与肢体语言的结合。

二、有助于引导幼儿大胆使用简单句表达自己的情感需求。活动中，教师可以创设温馨、宽松的语言情境，帮助幼儿将词语拼凑成简单句，鼓励幼儿模仿，如“我在害怕的时候想要抱抱”等，支持幼儿使用较完整的句子表达自己的情感需求。

三、有助于幼儿理解绘本画面与文字、行为和语言之间的关系，建立画面、文字与幼儿生活经验的链接。绘本《抱抱》画面醒目、主题突出，文字只有简单的“抱抱”二字，虽符合小班幼儿的年龄特点，但让他们自主阅读又存在一定的困难，需要教师和幼儿一起通过解读画面，支持幼儿理解简单的抱抱可以发生在不同的情境里，从而将画面、文字与生活经验相互链接。

◆活动设计/过程

【活动目标】

·了解抱抱是一种表达爱的方式，但同时要注意礼仪。

呼应了幼儿行为中的问题以及幼儿发展的需要。[源于生活]

·观察绘本的画面，能用简单句表达抱抱的感受，感受不同情绪的抱抱，思考抱抱时可以说的话。

·愿意倾听同伴分享并表达自己的想法，愿意在别人需要时给予安慰。

【活动准备】

·经验准备：幼儿有抱抱的经验。

·材料准备：绘本《抱抱》若干，音乐，动物抱抱的图片。

图 2-3-1

• 环境创设：在活动室创设森林情境（树上粘贴绘本《抱抱》图片），环形摆放抱枕、地垫。

创设温馨、适宜的环境，激发幼儿想说、敢说、喜欢说的愿望。[源于生活、基于生活]

【活动过程】

一、播放音乐，引导幼儿体验与同伴、教师抱抱的感觉。

引导语：让我们一起找好朋友抱一抱吧。你们刚刚和谁抱抱了？抱抱的感觉怎么样？

图 2-3-2

小结：和小朋友（老师）抱抱的感觉是软软的，很舒服。

二、引导幼儿迁移经验，表达抱抱带来的温暖和快乐。

（一）引导幼儿讨论生活中的抱抱。

提问：你们喜欢抱抱吗？最喜欢跟谁抱抱？

有助于调动幼儿的已有

为什么喜欢？

（二）集中讨论，引导幼儿用简单句完整表述。

小结：你们喜欢抱抱，喜欢和爸爸妈妈、爷爷奶奶、老师抱抱，因为抱抱很舒服、很开心、很快乐。

经验。［基于生活］

三、出示绘本《抱抱》，引导幼儿感受抱抱背后的情感。

链接前期活动，唤醒幼儿的相关经验，激发幼儿参与活动的兴趣。［基于生活］

引导语：除了你们，动物们也很喜欢抱抱。请你和你的好朋友一起去看一看、学一学图片中的动物，看看它们是怎么抱抱的。

（一）引导幼儿与同伴自主观察、模仿绘本中动物的抱抱。

符合幼儿年龄特点；为引导幼儿从使用肢体语言转向使用口头语言做准备。［基于生活］

提问：你看到哪些动物？它们是怎么抱抱的呢？

邀请幼儿与同伴模仿动物抱抱的方式。

（二）师幼共同阅读绘本，发现不同抱抱的需求。

提问：你觉得它们为什么需要抱抱呢？它们抱抱的时候有什么表情呢？

幼儿分享自己观察到的表情与画面，教师补充。

（三）完整讲述绘本，引导幼儿发现抱抱背后的不同情感。

小结：原来每个抱抱都有不同的体验和感受，可以是亲昵，可以是玩耍，可以是想念，可以是喜悦，还可以是感谢。

四、引导幼儿用语言表达抱抱时可以说的话。

提问：什么时候我们可以抱抱别人或给别人抱抱呢？我们可以说些什么？

帮助幼儿解决他们在生活中的相关问题。［基于生

引导幼儿探讨一些常见的抱抱情境（受伤时、

难过时、失败时、喜悦时)，思考并回答这时候可以说什么，模拟情境并进行体验。

活、回归生活]

小结：原来每个人在开心（或害怕或难过或表达爱）的时候，都希望能够得到一个抱抱。不同时候的抱抱能带给我们不同的感觉。

五、引导幼儿与同伴抱抱，初步了解让对方舒服的抱抱。

（一）引导幼儿与同伴抱抱。

（二）讨论什么样的抱抱才是大家喜欢并感到舒服的。

利用幼儿真实的情感体验来解决问题。[基于生活、回归生活]

提问：你喜欢哪种抱抱，不喜欢哪种抱抱？为什么？

小结：原来大家都喜欢轻轻、舒服的抱抱，它会让我们觉得温暖和开心；不喜欢太用力、太多人挤在一起的抱抱，因为这样很容易摔倒，而且很不舒服。

六、游戏“抱一抱”。

引导语：今天我们在一起用抱抱来传递温暖和快乐，大家开心吗？就让我们跟着音乐和好朋友们一起用舒服、礼貌的方式抱一抱吧。

播放音乐，引导幼儿和同伴一起抱抱。

活动自然结束。

【活动延伸】

· 区域活动：在音乐区提供音乐《抱一抱》，引导幼儿进一步体验温暖、快乐的抱抱。

· 生活活动：在游戏、同伴交往等活动中，观察幼儿能否运用简单的语言和适宜的动作表达自己对同伴的爱和关心。

呼应前期发现的问题，实现幼儿经验的突破；引导幼儿将新的经验迁移到生活中。[回归生活]

◆反思与推进

一、幼儿的学习与发展

（一）幼儿能感受集体的温暖与善意，更愿意、喜欢表达自己的感受。

（二）幼儿初步了解到当自己开心或害怕或难过的时候可以寻求别人的关心，会用口头语言辅助肢体语言表达对他人的关心与安慰。

（三）幼儿能运用较完整的语言表达自己对抱抱的情感体验。

（四）幼儿能用动作模仿观察到的绘本画面，在游戏中与同伴积极互动，感受愉快的交往体验。

（五）幼儿知道轻轻、舒服的抱抱会让大家觉得温暖和开心，能体验不同情境下不同抱抱的感受。

二、活动亮点

（一）本活动基于幼儿的前期经验，紧扣核心经验，目标符合幼儿的年龄特点和生活经验。活动做到了问题从生活中来，问题解决后再回归生活。

（二）活动环节紧扣目标、层层递进。从幼儿表达生活中抱抱的感受，到引入绘本阅读，再到引导幼儿结合自身的经验，逐步感受抱抱背后的情感，学会表达自己的感受和想法，活动的开展逐步深入。

（三）活动中教师运用多种教学手段，通过引导幼儿观察绘本、体验动作等，鼓励幼儿利用口头语言大胆表达自己的想法、表达每个抱抱的不同感受，从而引起幼儿的情感共鸣。

三、活动后续

活动后，教师在幼儿的一日活动中渐渐地发现班级中温馨的画面更多了。例如"娃娃家"游戏中，扮演妈妈的幼儿能够轻轻地抱着"娃娃"，一边拍着"娃娃"一边低声说："妈妈在，不哭了哦。你是不是饿了呀？"当看到同伴哭着进入幼儿园时，多数幼儿能主动上前拉着同伴的手说："你不要哭，我带你去玩一个新玩具，很好玩的。"有时活动结束后，也有幼儿主动跑来抱住教师，笑着说："我最喜欢老师啦。"……幼儿开始能用恰当的动作和简单的语言表达自己当下的情感和需要。

打开包装

福州市蓓蕾幼儿园　兰　希　王　蓉

◆活动缘起

秋游活动中，在分享零食时，有的幼儿请教师帮忙打开包装，有的幼儿用牙齿咬、撕扯包装。怎么打开包装呢？教师认为这是幼儿在生活中遇到的真问题。在打开包装的过程中，我们看到幼儿试图动手探究，希望通过自己的方式打开包装，但是没有掌握打开包装的方法。有的幼儿对于自己想吃、喜欢吃的食品，更是因为心急而忽略了打开包装的技巧。动手操作是幼儿探究的开始。在幼儿探究的过程中，教师适当的引导，有助于幼儿更好地建构经验。针对幼儿打开包装困难的共性问题，我们认为有必要引导他们有意识地观察包装的特征，有目的地探究打开包装的方法。

幼儿生活中的具体现象。[源于生活]

对于幼儿学习、发展有一定意义。[源于生活、基于生活、回归生活]

基于以上分析，教师准备结合小班幼儿的年龄特点，开展相关的集体教学活动。如何根据不同的包装选择合适的打开方式，是幼儿需要解决的真实问题。同时，在问题解决的过程中，教师应思考如何保护幼儿对打开包装的兴趣、如何支持幼儿进行有目的的探索。另外，由于打开包装不仅是技巧问题，还与幼儿小肌肉动作发展水平和动作练习有关，在集体教学之后，我们将在日常生活和区域活动中引导幼儿继续练习。

打开包装，是幼儿所遇到的真实问题，能吸引幼儿主动参与。[源于生活]

◆以集体教学形式开展活动的价值辨析

一、聚焦共性问题，能帮助幼儿有针对性地解决问题。集体教学最大的优势在于高效、系统性强。集体教学活动中的分享交流和梳理，有助于幼儿获得相对系统的经验，解决幼儿的共性问题。

二、能有效地发展幼儿的探究能力。集体教学活动中，教师能关注幼儿探究过程中遇到的问题，引导幼儿探索多种打开包装的方法，发展幼儿的初步的探究能力。

三、在集体中就共性问题进行讨论，可提升小班幼儿的表达能力。小班幼儿不善表达，集体教学活动能为幼儿创造想说、愿意说的机会，让幼儿在宽松自由的氛围中与同伴和教师积极互动交流。

◆活动设计/过程

【活动目标】

• 初步感知食品包装的多种方式，了解包装有不同的撕口，知道打开包装需要一定的方法、技巧。

对“活动缘起”有所呼应。[源于生活]

• 主动探索打开包装的多种方法，体验包装袋的不同打开方式。

符合幼儿真切的学习需要。[源于生活、基于生活、回归生活]

• 愿意表达自己的发现，体验打开包装的成就感和参与活动的乐趣。

【活动准备】

• 经验准备：幼儿在“水果商店”区域玩过包装水果的游戏，对物品的包装方法有一定的了解；幼儿和家长一起购买过不同包装的零食。

• 材料准备：多种包装的零食、盘子、篮子、课件。

合理利用现成的资源。[基于生活]

• 环境创设：创设“叮当猫年货铺”情境，将多种零食摆放在层架上。

【活动过程】

一、以“叮当猫年货铺”情境导入，激发幼儿的兴趣。

教师：新年到了，“叮当猫年货铺”开张啦！里面有很多好吃的零食，你们想吃吗？现在叮当猫请你们每人去货架上选一件自己喜欢的零食，然后回到座位上。

二、引导幼儿观察包装，尝试打开包装，初步探索打开包装的方法。

图 2-4-1

（一）幼儿猜想、交流打开包装的方法。

教师：你们找到了自己喜欢的零食吗？想吃吗？怎样才能打开零食的包装？跟旁边的小朋友说一说。

有助于调动幼儿已有的经验。[基于生活]

幼儿 1：我用嘴巴咬。

图 2-4-2

图 2-4-3

幼儿2：我可以用手把瓶子旋开。

幼儿3：我想从上面打开。

幼儿4：我想从旁边打开。

教师：这些方法能打开包装，但用嘴巴咬的方法不卫生。

在过程中指出问题，能有效帮助幼儿树立正确的观念。[基于生活]

（二）幼儿动手尝试打开包装，教师重点观察操作中有困难的幼儿。

（三）结合课件，师幼分享交流打开包装的方法，并梳理经验。

教师：你的零食打开了吗？你是怎么打开的？你怎么知道从那里打开呢？

幼儿1：我从尖尖的角这里拉开。我看妈妈是这样打开的。

幼儿2：袋子上有一个洞洞，可以从这里撕开。

幼儿3：我把盒盖翻开。以前我吃过这种零食，我就是这样打开的。

幼儿4：我的面包袋上有金色的线，我转两下，金色的线就解开了。

教师：原来零食的包装不一样，我们打开的方法也不一样。打开之前，我们要仔细观察包装，打开时要小心一点，不要让零食撒出来。

重视活动过程中生成的问题。[基于生活]

三、引导幼儿迁移经验，再次操作，尝试用多种方法打开包装。

（一）引导幼儿再次操作。

教师：小朋友的本领越来越大了，叮当猫看到了很高兴，想请你们吃更多好吃的东西。每个小朋友可以再去选一个和刚才不一样包装的零食，尝试打开它。

（二）师幼分享经验。

教师：你们打开了与刚才不一样的包装吗？

有没有遇到困难？

幼儿1：我打开时太用力了，零食倒出来了，以后我要小心点。

幼儿2：我想从袋子上像锯齿一样的边缘打开，可是一直打开不了。

幼儿3：我也是从袋子上像锯齿一样的边缘打开，我一撕就撕开了。

教师：你俩真棒！你俩懂得从齿状的边缘打开包装，××（幼儿3）还能够不让东西倒出来，这样既快又卫生。

对活动前所观察到的幼儿典型问题做出自然的、专门的梳理。[源于生活]

小结：其实很多食品的包装上藏着打开它的“小秘密”，我们以后拿到包装就可以去找一找“小秘密”，然后试一试自己打开它。

四、提出问题，延伸活动。

教师：今天小朋友们知道可以根据包装的特点打开包装，真棒！你们想吃零食的时候，可以自己想办法打开包装。日常生活中，需要我们打开包装的食物还有很多，比如饮料、罐头，它们的包装怎么打开？

联系生活中的相似经验，鼓励后续的深度探究与学习。[基于生活、回归生活]

【活动延伸】

• 区域活动：在“生活坊”“娃娃家”投放收集到的常见包装，供幼儿在游戏中练习。

• 生活活动：引导幼儿继续尝试打开不同的包装。

◆反思与推进

一、幼儿的学习与发展

（一）幼儿面对多样化的材料时敢于尝试。第一次探究，幼儿能观察包装，找到包装上的开口，迁移已有经验并尝试探究；第二次探究，幼儿能尝试打开不同的包装。

（二）幼儿愿意动手探索。活动中，教师提供了多样的包装，为每个幼儿运用多种方式进行探索提供了良好的条件。幼儿积极动手操作，探索不同包装的打开方法。活动过程中的操作，使得幼儿小肌肉动作得到了锻炼。

（三）幼儿观察能力得到了锻炼。通过集体教学，幼儿知道了操作之前需要观察，只有找到了包装的“小秘密”，才能较容易地打开包装。

二、活动亮点

（一）活动中教师有条理地梳理，解决了难点问题。小班幼儿在描述打开包装的方法时，语言比较简单、不易懂。教师直观地展示了幼儿打开包装的难点，直面问题，有针对性地解决了问题。

（二）活动环节层层递进、过渡自然，充分体现了生活化的理念。幼儿在循序渐进的活动中不知不觉地丰富了经验、开阔了视野。活动将课堂延伸到生活，让幼儿的学习和自己的生活相结合，充分体现了“生活即教育”的教育理念。

三、活动后续

活动“打开包装”为幼儿运用多种方式进行探索提供了条件。活动后，幼儿在生活中对打开包装还有很高的兴致，陆陆续续带来了很多零食，其中有些包装不易打开，如费列罗巧克力盒，师幼共同探讨、尝试了这类包装的打开方法。日常生活中，我们欣喜地发现平时不爱动手、依赖性很强的幼儿在吃点心时也会拿起面包包装袋，寻找包装袋的开口，并尝试自己打开。很多家长反映幼儿在家能够自己尝试打开包装了，且打开包装前会认真观察包装的外观，再进行操作。

宝宝洗澡乐

福建省实验幼儿园　李沛铃　陈　静

◆活动缘起

每天晨间入园时，多数幼儿会穿着干净清爽的衣服，稚气地向教师问好。我们发现也有一些

幼儿在生活中表现出的

幼儿经常会穿着脏的衣服来园，甚至有的幼儿衣服上还留有前一天留下的饭渍。个别幼儿甚至脖子上、手肘关节内侧有一些“小黑泥儿”。当我们问幼儿为什么身上或衣服上有脏物时，有些幼儿会告诉我们“昨天没洗澡”；当我们进一步追问没洗澡的缘由时，有的幼儿说“妈妈没给我洗”，有的幼儿说“我不喜欢洗澡”或“我不想洗”。

具体现象。[源于生活]

我们利用活动之间的时间与幼儿进行了个别交谈，了解了他们对洗澡的态度和看法。婕婕说：“我喜欢洗澡，因为洗完澡身上香香的。”茉莉说：“洗澡很好玩，妈妈给我涂沐浴露的时候会有很多泡泡，很好玩。”婕婕听到后，也点点头：“我洗澡的时候也有泡泡。”这时候，一旁的幼儿开始七嘴八舌地聊了起来。涵涵有不同意见：“我不喜欢，洗澡脱衣服时很冷。”尧尧说：“妈妈每次给我洗头的时候都把水弄到我的眼睛里，难受死了！”涵涵听了尧尧的话，说：“我妈妈也是，我不喜欢。”小宜说：“老师，我喜欢洗澡，因为我觉得我洗澡的时候就像美人鱼，还能变出好多泡泡。”……

幼儿真实感兴趣的问题。[源于生活]

基于与幼儿的交谈以及与个别家长的沟通，我们发现班级中喜欢洗澡的幼儿占多数，他们特别喜欢在洗澡时玩泡泡；少数幼儿不喜欢洗澡，他们不喜欢洗澡的原因不同。

鉴于部分幼儿不喜欢洗澡的情况，开展一次有关洗澡、有关泡泡的活动，对于喜欢洗澡的幼儿来说，能够迁移并深化他们相关的经验和情感体验；对于不喜欢洗澡的幼儿来说，有助于他们了解洗澡的好处。结合近期美工区的圆形物品拓印活动，我们决定以美术拓印为形式组织教学，其优势在于：第一，幼儿有一定的前期经验；第二，拓印适合完成对泡泡的表征；第三，拓印的方式较为简单，幼儿胜任且易于呈现出较好的效果，使他们获得审美体验，从而形成对洗澡的积极情感体验。我们希望通过集体教学，引导幼儿欣赏和表征洗澡时变出的泡泡，进一步感受泡泡的神奇、有趣以及形状美、色彩美，同时，也帮助不爱洗澡的幼儿发现洗澡的有趣，从而爱上洗澡。

基于幼儿的实际情况，分析活动形式的适宜性和有效性。[源于生活、基于生活、回归生活]

◆以集体教学形式开展活动的价值辨析

一、有助于幼儿更直观地感受泡泡的神奇与有趣、泡泡形状与色彩的美。洗澡时玩泡泡是幼儿日常生活中的直接经验。幼儿对于泡泡有趣和美丽的感受比较浅显和简单。集体教学的形式有助于拓展他们关于泡泡的审美经验，深化他们喜爱泡泡的情感体验。

二、有助于提升幼儿前期较为零散、单一的拓印表征经验。前期在美工区开展的拓印活动，主要以幼儿自由探索拓印工具、自主拓印为主。关于拓印，幼儿主要是了解了拓印的方法、知道不同工具可以拓印出不同的形状，缺乏借助拓印表征某一事物的经验。集体教学有助于进一步提升幼儿拓印的技能，帮助幼儿获得运用不同拓印工具进行有目的的表征的能力。

三、帮助不爱洗澡的幼儿发现洗澡的乐趣。不爱洗澡的幼儿多数没有痛痛快快玩泡泡的经历。对泡泡有趣形状和美丽色彩的欣赏，能帮助不爱洗澡的幼儿对洗澡玩泡泡产生憧憬和向往；自由拓印表征美丽的泡泡，有助于不爱洗澡的幼儿爱上洗澡。

◆活动设计/过程

【活动目标】

• 尝试用不同的圆形材料印画多种多样的泡泡，感受泡泡的神奇与有趣以及色彩与形状的美。

· 喜欢印画，体验水粉印画的乐趣。

· 发现洗澡的有趣，从而爱上洗澡。

与幼儿之前存在的问题和发展需要相互呼应。[源于生活]

【活动准备】

· 经验准备：多数幼儿有洗澡时玩泡泡的经验，知道泡泡的形状；幼儿有用印章进行印画的经验。

· 材料准备：幼儿洗澡时玩泡泡的照片，与幼儿共同收集的生活中的印画工具（如瓶盖、纸芯筒、气泡膜、串珠或插塑玩具等），画有宝宝洗澡的黑色卡纸人手一份，印画颜料每桌一份，音乐《我爱洗澡》。

合理利用生活中现成的资源。[基于生活]

【活动过程】

一、借助照片，引出话题，激发幼儿的兴趣。

（一）出示幼儿洗澡时玩泡泡的照片，唤起幼儿的生活经验。

教师：照片中的小朋友在做什么？洗澡的时候会变出许多什么？这些泡泡是什么样子的？你洗澡的时候，会变出什么样的泡泡呢？

唤起幼儿的真实生活体验，激发幼儿参与活动的兴趣。[基于生活]

幼儿1：小朋友在洗澡。

幼儿2：会变出很多泡泡。有的大，有的小。

幼儿3：我在洗澡的时候泡泡都是一团一团的。

幼儿4：我变出的泡泡会飞。

（二）创设情境，激发幼儿印画泡泡的兴趣。

教师：有个小宝宝，可喜欢洗澡啦。我们来帮他洗澡吧，再帮他变出许多泡泡，让他开开心心地洗澡。

二、引导幼儿观察印画工具，学习印画的基本方法。

（一）展示幼儿参与收集的印画工具，引导幼儿观察。

教师：这是小朋友们收集的印泡泡的工具，我们来看看，有些什么工具呢？这些工具会变出怎样的泡泡呢？

链接前期活动，唤起幼儿的已有经验。[基于生活]

幼儿1：纸芯筒变出来的是大泡泡，瓶盖印出来的是小泡泡。

幼儿2：气泡膜变出来的泡泡是一团一团的。

（二）引导幼儿学习印画泡泡的基本方法。

教师：我们来帮宝宝洗澡啦！洗洗澡、洗洗澡，变泡泡。哪个小朋友来试一试？你想在哪里变出泡泡？请你先选择一个工具，再拿着工具在颜料盘里蘸一下颜料，然后找一个地方压下去，要稍微用力一点。哇，泡泡变出来了！这是一个什么样的泡泡呢？（以上话语伴随着幼儿的回应而一步步表达）

三、幼儿自主选择印画工具印画泡泡。

（一）展示印画底图与印画工具。

教师：这有许多爱洗澡的宝宝，让我们一起帮他们洗澡，变出各种各样好玩的泡泡吧！

（二）幼儿自主选择印画材料进行创作。

1. 播放音乐《我爱洗澡》，营造轻松愉快的氛围。

2. 鼓励幼儿尝试使用多种拓印工具，并以生动的语言启发幼儿进行有目的的拓印：“你想让泡泡飞到宝宝的什么地方？”“泡泡还可以飞到哪里呢？”“注意，可不要让泡泡进入眼睛里哦，那可不太舒服呢！”……

3. 与幼儿交流，引导幼儿发现印画泡泡的有趣，以及边洗澡边玩泡泡的快乐。

四、展示幼儿作品，引导幼儿欣赏同伴作品的美。

（一）展示幼儿的作品。（参见图 2-5-1、图 2-5-2）

图 2-5-1

图 2-5-2

教师：哇，你们帮宝宝们变出了这么多又好看又好玩的泡泡，真是太棒了！宝宝们一边洗澡一边和泡泡做游戏，都很开心呢！洗完澡，宝宝全身干干净净、香喷喷的，就更开心了！

（二）引导幼儿发现同伴作品中的美。

教师：这么多的泡泡，你最喜欢谁的泡泡呢？为什么呢？（可追问：是泡泡的颜色好看，还是泡泡排列的样子好看呢？）在这么多的泡泡里面，也有老师特别喜欢的泡泡呢！（向幼儿展示作品）猜猜，老师为什么喜欢这里的泡泡呢？

五、播放音乐《我爱洗澡》，师幼共舞，结束活动。

教师：今天我们给宝宝们洗了一个快乐的泡泡澡，现在我们也来给自己洗个澡吧！洗洗澡、洗洗澡，变泡泡，飞这里、飞那里，到处都是小泡泡！洗澡可真是好玩啊！

【活动延伸】

· 区域活动：将印画材料投放在美工区，供幼儿继续进行“宝宝洗澡乐”印画活动；在阅读区投放绘本《我爱洗澡》供幼儿阅读。

· 生活活动：日常生活中与幼儿谈论有关洗澡的话题，帮助幼儿了解勤洗澡的益处，关注特别不爱洗澡的幼儿对于洗澡的态度变化。

维持幼儿必要的兴趣，关注经验在后续生活中的运用。［回归生活］

◆反思与推进

一、幼儿的学习与发展

（一）幼儿从自由探索拓印工具到有目的地进行拓印表征，探索能力进一步发展。

（二）幼儿在活动过程中拓展了关于泡泡的审美经验并获得愉悦的情感体验。

（三）幼儿在活动中自主选择印画材料，自由自主地完成了作品。

（四）幼儿从“帮宝宝开心洗澡”迁移愉快的体验，感受了泡泡的有趣。

二、活动亮点

（一）活动目标紧扣美术领域关键经验，即审美与表达，并根据小班幼儿年龄特点，细化为可操作、适切的目标。

（二）活动中使用的材料大小适宜、数量得当，其中拓印的工具是幼儿与教师一起寻找、收集的。

（三）活动环节设计紧扣目标、路径清晰。本次活动设置的欣赏泡泡、回忆泡泡、印画泡泡、分享泡泡等环节，紧扣教学目标，通过“初步感受欣赏—唤起已有审美经验—了解表征方法—自由大胆表征—欣赏作品、提升审美经验”的路径完成了教学。

（四）活动中教师灵活运用言语和非言语指导方式，有效支持幼儿的表达、表达。教师先用较为封闭的问题将幼儿的注意力引向泡泡的话题，再用较为开放的问题鼓励幼儿自己表达、想象。此外，教师运用非言语指导策略，如微笑肯定、动作示范，支持幼儿的印画过程。

三、活动后续

活动后，教师又开展了一次集体的谈话活动，询问幼儿洗澡的时候有没有发生什么有趣的事情。幼儿分享的是自己洗澡时玩泡泡的经历，在分享的过程中都表现出了愉快的表情。教师也有意识地问了在活动前表示不爱洗澡的幼儿，他们讲述了在家洗澡玩泡泡的经历并表达了愉快的情感。接下来，教师将继续关注“洗澡”这一话题，引导幼儿发现洗澡的有趣，并继续跟进那些不爱洗澡的幼儿，关注他们态度的变化。

棋棋的生日会

宁德市福安市坂中中心幼儿园　黄　斌　陈岩岩

◆活动缘起

为了让小班幼儿合理地摆放自己的物品，教师会给每个幼儿的物品如毛巾、水杯等做上标记，也会给班级活动区的材料做上特定的标记，但仍然有幼儿吃点心时错拿别人水杯，或者在区域活动结束后不会按标记将材料收拾摆放在原来的位置上，以至于第二天区域活动时找材料需要花费很多时间……当问起缘由时，昊昊说：“水杯太多了，我找不到自己的杯子，就随手拿了一个。”悦文说：“收拾区域材料时，我看到区域柜空着，我就放进去了。”……

幼儿活动中真实存在的问题。[源于生活]

为此，教师首先对班级所遇到的问题进行了分析，发现虽然幼儿已经学会取放杯子和摆放区域材料，但他们在取放这些物品时容易忽略规律和秩序问题；他们缺乏辨识标志的能力，实际上也反映了幼儿缺乏进行一一对应的意识和能力。

对幼儿所遇到的问题进行分析，找出问题的症结所在，以此确定活动内容。[基于生活]

虽然这不是所有幼儿的问题，但有必要得到教师的关注，因为这一能力不论在经验的积累还是在意识的形成方面都需要一定的时间去反复练习、不断强化。

教师尝试着在阅读区中投放有关一一对应的书籍《快乐的牧羊人》《小熊的生日派对》等；在操作区提供一些具有对应关系的操作材料，引导幼儿根据这些材料之间的关系，理解一一对应的概念，积累经验。一段时间后，教师发现虽然幼儿有关一一对应的能力有所提升，但要在生活中迁移经验似乎并不容易。这或许与幼儿的思维特征有一定的关系，需要教师进行适当的干预，帮助幼儿提升能力。

基于幼儿遇到的问题、已获得的经验以及其独特的思维特征，教师准备从活动形式、材料、策略等方面思考有效的活动形式。最终，教师选择了数学问题、情境体验与幼儿生活三者相结合的形式：结合近期班级一个幼儿过生日，设计“棋棋的生日会”情境，以期通过集体教学活动来引导幼儿利用生活经验获得匹配物品的经验。活动中，教师将提供生活化的材料，激发幼儿动手操作的兴趣，支持幼儿发现“一一对应取放物品”其实是件很好玩的事情，同时帮助幼儿获得辨识标志进行物品匹配的经验。

基于幼儿已有的经验、问题和学习特点确定适宜的活动方案。[基于生活]

◆以集体教学形式开展活动的价值辨析

一、能够有针对性地聚焦幼儿当前所面临的问题。通过集中教学的形式，教师能有针对性地放大有关生活中一一对应的问题，引导幼儿尝试迁移有关一一对应的经验，满足幼儿的真实需要，更好地支持幼儿运用数学经验解决生活中的问题。

二、有助于幼儿梳理前期相关的零散经验。虽然幼儿已经具备一一对应的相关经验和能力，但是难以在日常生活中进行及时有效的迁移。这是幼儿所面临的困难，也是幼儿相关能力发展的“瓶颈”问题。教师可借助情境化、游戏性集体活动，增强幼儿学习的动机和乐趣，使幼儿前期零散的经验得到有效的梳理和提升。

三、有助于幼儿在集体教学形式的活动中获得学习共同体的积极体验。集中教学的形式，能有效地促进师幼之间、幼幼之间的互动，让幼儿在轻松愉快的游戏氛围中体验集体游戏和集体共同解决问题的快乐，使幼儿获得集体学习、集体生活的积极情感体验。

◆活动设计/过程

【活动目标】

• 学习按物体属性进行一一匹配。

• 能用简单的语言表达对物品匹配的观察和操作结果。

呼应幼儿的前期活动和发展需要。[基于生活]

【活动准备】

• 经验准备：幼儿已有简单的物品匹配经验。

• 材料准备：多种颜色的气球和吸管，圆形蛋糕盘子、正方形蛋糕盘子，杯子，圆形饼干、正方形饼干，贴有圆形、正方形标志的篮子，冰盒、图书、水杯、床铺等。

材料大多选择幼儿生活中常见的物品。[基于生活]

【活动过程】

一、谈话导入，激发幼儿参与活动的兴趣。

教师：今天是棋棋的生日，他想在幼儿园和小朋友们一起过。他的爸爸妈妈送来了一些零食，大家一起看看有些什么。

二、布置任务，引导幼儿感知一一对应。

（一）布置生日会场。

教师：我们先来布置下场地吧，正好老师这

选用生活中常见情境，

里有很多气球，还有一些吸管，大家帮我把气球和吸管配好。

有助于调动幼儿参与活动的积极性和相关的生活经验。[基于生活]

（二）引导幼儿感知一一对应。

教师：刚才小朋友们已经把气球和吸管配好了，谁来说说是怎么做的？

幼儿：我是把颜色一样的气球和吸管放在一起。

（三）小结。

教师：很好，他先找到跟气球的颜色一样的吸管，然后将颜色一样的气球和吸管放在一起。

（四）引导幼儿用一一对应的方法尝试操作。

教师：现在我们试试用颜色对应的方法来帮气球找朋友吧！

三、引导幼儿分享食物，进一步感知一一对应。

（一）引导幼儿自取盘子并观察自己盘子。

教师：请你们去桌子中间取一个盘子，然后看看盘子是什么形状的，和身边小朋友的盘子有什么不一样。（引导幼儿说出观察结果）

（二）引导幼儿自取饼干。

教师：桌子上有两种不同形状的饼干，请大家拿一块跟你的盘子形状一样的饼干。

链接前期活动，唤起幼儿的相关经验，支持幼儿实现经验的突破。[基于生活]

（三）引导幼儿品尝饼干，然后送回盘子。

教师：刚才大家已经品尝了美味的饼干，现在我们要把盘子送回去了。老师这里有两个篮子，上面贴有标志。请大家用找朋友的方法把手中的盘子送回篮子里。

四、帮助幼儿梳理对应经验，将相关经验运用到生活中。

教师：今天我们不仅和棋棋过了一个快乐的生日，还学会了帮气球找颜色对应的吸管、帮盘子找形状对应的饼干、帮盘子找形状对应的篮子。其实，活动室里有很多物品都有对应的“朋友”，小朋友也有对应的小物品。它们身上有和小朋友一一对应的标志吗？在哪里呢？（引导幼儿讨论相应的记号：区域柜里的冰盒、水杯橱中的水杯、图书架上的图书、寝室里的床铺……）我想，小朋友们以后一定会按照一一对应的本领来找到自己的东西、放好自己的东西。

引导幼儿将经验迁移到生活中。[回归生活]

【活动延伸】

·生活活动：在一日生活环节，引导幼儿运用一一对应的方法取放自己的物品。

·家园共育：请家长鼓励孩子运用一一对应的方法参与分餐具。

活动的延续，引导幼儿将获得的经验应用到生活中。[回归生活]

◆反思与推进

一、幼儿的学习与发展

（一）幼儿在集体学习的过程中获得愉悦的情感体验。

（二）幼儿通过将相同、相关的物体进行匹配，积累了一一对应的经验。

（三）幼儿体会了数学与生活的联系性，从而将数学经验迁移到生活中。

二、活动亮点

（一）活动以生活化的游戏情境“生日会”贯穿始终。幼儿积极、主动参与，在情境中探索，获得了相应的数学经验。生活化的材料便于幼儿理解，具有可操作性。

（二）各环节紧扣目标、逐层递进。活动内容是幼儿生活中遇到的问题。教师注重支持幼儿将前一个环节获得的经验运用于下一个环节，促使不同能力的幼儿获得相应的发展，符合幼儿的学习特点。

三、活动后续

活动后，教师组织幼儿谈话，请幼儿说说在生活中还有哪些事情可以用一一对应的方法来解决。皓皓说：“我学会用一一对应的方法找到自己的晨检牌。”朗朗说：“我学会了用一一对应的方法扣纽扣。”幼儿的这些转变，反映了他们当前的水平。接下来，教师将会继续引导幼儿发现生活中更多可以用一一对应的方法来解决的事情。

午 餐 歌

福建省实验幼儿园 龚林珊 王晓莹

◆活动缘起

在幼儿园进餐，是小班幼儿适应幼儿园生活的一个重大挑战。幼儿在适应在园进餐的过程中一般会有几个阶段的表现：从不愿意吃到愿意吃，从要人喂到自己吃，从只吃部分食物到吃所有的食物。

入园一段时间后，班级幼儿基本上愿意吃午餐了，也能自己进餐，但挑食的现象比较明显。为了更好地了解幼儿对食物的偏好，教师设计了进餐记录表，通过调查，了解了幼儿进餐的情况。通过分析，教师发现幼儿喜欢牛奶、蛋糕、甜粥、鱼丸等，不喜欢将不同食材混杂在一起烹饪的咸粥和面条。

幼儿生活中具体的问题。[源于生活]

为了让幼儿爱吃咸粥和面条，班级开展了有关“幼儿园午餐”的系列活动，如了解多种食物营养的健康领域活动“食物有营养”、票选活动“我最喜欢的午餐”（参见图 2-7-1）、谈话活动“我爱吃和不爱吃的食物”等。谈话活动中，幼儿谈及自己挑食的原因是“山药没有味道，不好吃”“海蛎臭臭的”等，同时他们提出了疑惑：“面条里为什么要放肉？”“我不爱吃香菇，可以不放吗？”……为了帮助幼儿解惑，也为了丰富幼儿关

幼儿的困惑。[源于生活]

于营养搭配的经验，教师带着幼儿拜访了医务室的医生。（参见图 2-7-2）通过医生的讲解，幼儿明白了午餐食物的搭配是为了保证充足的营养。当天中午，就有几名平时挑食的幼儿愿意尝试以往不愿意吃的食物。后续的一段时间内，幼儿挑食的现象有所改变，面条或咸粥中食材被幼儿挑出来不吃的情况有所减少。

图 2-7-1

图 2-7-2

发现了幼儿的进步，教师在进餐中或进餐后对幼儿进行表扬、鼓励。教师还了解了幼儿的进餐体验，如询问幼儿："你们喜欢今天的午餐吗？"多数幼儿说"喜欢"。看到幼儿对面条和咸粥的兴趣日趋浓厚，教师便组织开展了一个制作美味"面条"的美术活动，满足幼儿对美味面条的畅想，也借该活动让幼儿进一步接受混杂多种食材的午餐。

为了增强幼儿对午餐的兴趣、调动他们的食欲，教师在每日餐前会通过念儿歌的方式带领幼儿了解当日午餐。当教师念起儿歌"小朋友们快快来，午餐时间又到了，今天中午吃什么？我们一起看一看"时，幼儿表现出好奇的神情，一边跟着教师念儿歌，一边等教师揭晓午餐内容。当幼儿对这首儿歌越来越熟悉后，教师准备将儿歌

图 2-7-3

配上旋律，通过集体教学，引导幼儿学习歌曲，并借由歌曲学习提高幼儿对面条、咸粥类午餐的接受程度，进一步激发幼儿的食欲，帮助幼儿获得更为愉悦的进餐体验。

有助于幼儿获得有关愉悦进餐的体验。[源于生活、基于生活、回归生活]

◆以集体教学形式开展活动的价值辨析

一、以集体教学方式学唱歌曲，提供师幼互动的机会，有助于链接幼儿的前期经验，进一步支持幼儿接受面条、咸粥类午餐。

二、集体演唱歌曲有助于幼儿在艺术化的表达中增强愉悦进餐的情感体验。

三、集体教学方式有助于幼儿获得有关歌唱的关键经验，如合拍演唱、掌握旋律线、动作表征等；同时有助于拓展幼儿创编歌词的经验，丰富幼儿艺术审美体验，提升幼儿艺术表现能力。

◆活动设计/过程

【活动目标】

• 学唱歌曲，能较完整地演唱歌曲 A、B 段，尝试用"×× ×× × ×｜"节奏演唱 B 段的说唱词。

·体验说唱结合的曲式，感受歌曲轻松、愉快的风格。

·体验歌唱午餐的快乐，增强对幼儿园午餐的喜爱之情。

迁移相关经验于生活之中。[回归生活]

【活动准备】

·经验准备：幼儿已了解幼儿园的午餐食物，每天餐前会跟念午餐儿歌。

·材料准备：课件，歌曲伴奏音乐，操作材料一桌一份。

【活动过程】

一、清唱歌曲第一句导入活动，唤起幼儿对美味午餐的记忆和愉快情感。

教师：小朋友们快快来，午餐时间又到了。今天中午吃什么？我们一起看一看。小朋友们，午餐时间又到了，你最喜欢吃幼儿园的什么午餐呢？

链接幼儿的前期经验，有助于唤起幼儿真实的情感体验。[基于生活]

二、引导幼儿倾听歌曲，初步感受歌曲A段的旋律和节奏，尝试初步演唱。

（一）以猜谜形式，引出歌曲内容。

教师：我们说了那么多美味的午餐，现在请你们猜一猜，今天中午吃什么？午餐里有红色的、酸酸甜甜的蔬菜，有香喷喷的牛肉，还有细细长长的面条。

有助于调动幼儿已有的关于午餐食物的经验。[基于生活]

（二）出示番茄牛肉面图片，教师清唱歌曲A段。

教师：你们猜对了，就是番茄牛肉面。（随即清唱歌曲A段）

（三）就A段歌词内容提问，引导幼儿理解并熟悉歌词。

教师：歌曲唱的是什么时间又到了？对了，午餐时间又到了。（完整唱一遍A段）午餐时间到了，大家好奇什么呢？大家想知道"今天中午吃什么"，所以让"我们一起看一看"。（再次完整唱一遍A段）

（四）引导、鼓励幼儿初步演唱歌曲A段（2～3遍）。

教师：小朋友们学习了歌词，现在就请你们和老师一起来唱吧。（根据幼儿演唱情况，帮助幼儿梳理一些不太清晰的地方）

三、引导幼儿感受歌曲B段的内容结构，尝试按照节奏演唱说唱词。

（一）与幼儿讨论歌曲内容，帮助幼儿理解歌词。

教师：番茄牛肉面里有什么呢？嗯，有酸酸甜甜的番茄，番茄番茄，嗷嗷；有香喷喷的牛肉，牛肉牛肉，嗷嗷；有长长的面条，面条面条，嗞嗞。味道好极了！

（二）引导幼儿将歌曲A、B段合起来，完整演唱。

教师：这首午餐歌又唱又说，多有趣啊！我们一起完整地唱一下这首歌吧！

（三）以共同"制作"番茄牛肉面的形式，帮助幼儿进一步理解歌词。

教师：我们也来做一碗番茄牛肉面吧！番茄牛肉面里要放什么食物呢？来帮老师把食材放进碗里吧。对啦，番茄牛肉面里有番茄、牛肉和面条。

四、以"吃面条"的情境，引导幼儿尝试完整演唱歌曲。

（一）引导幼儿演唱歌曲，感受趣味演唱的乐趣。

教师：面条做好了，我们一起来品尝吧！我们要把好吃的食材一样一样都吃掉哦！

“吃面条”情境有助于唤起幼儿愉悦进餐的情感。[基于生活]

（二）根据幼儿演唱中出现的问题，进行具体指导。

图 2-7-4

五、尝试替换部分歌词，增进幼儿对午餐的喜爱。

（一）与幼儿讨论替换歌曲 B 段的个别食材，与 A 段组合成新的《午餐歌》。

教师：番茄牛肉面里除了放番茄，还可以放什么食材呢？（假设幼儿回答“青菜”）哦，可以放青菜，那我们把番茄换成青菜吧。（带幼儿唱 A 段、念替换后的 B 段）青菜牛肉面是什么味道的呢？嗯，好香啊！除了吃面条，我们还有吃什么午餐呢？对啦，还有米饭。那我们把番茄牛肉面里的面条换成米饭吧。（带幼儿唱 A 段、念替换后的 B 段）番茄牛肉饭好吃吗？嗯，味道可好了呢！

有助于调动幼儿已有经验。[基于生活]

（二）请幼儿选择自己喜爱的午餐，尝试演唱新编的歌曲。

教师：我们现在来唱我们新编的《午餐歌》吧！想唱青菜牛肉面的小朋友举手，想唱番茄牛肉饭的小朋友举手。好吧，我们就先选更多小朋友喜欢的《午餐歌》来唱一唱吧！

六、回顾近期幼儿的进步，鼓励幼儿愉快进餐。

教师：最近小朋友们越来越爱吃幼儿园的午餐了，所以小朋友们的身体也越来越健康了呢！今天我们学的这首《午餐歌》可以在每天吃午餐前唱一唱，午餐吃什么，我们就唱什么，好不好？开开心心地唱歌、开开心心地吃午餐，我们的身体就会变得棒棒的！

关注经验的后续运用。［回归生活］

【活动延伸】

·区域活动：将歌曲图谱、伴奏音乐投放在表演区，供幼儿演唱。

·生活活动：午餐前，根据当日的午餐，与幼儿灵活替换歌词演唱《午餐歌》，调动幼儿进餐的食欲；组织幼儿到别的班级演唱、推广《午餐歌》。

·家园共育：了解幼儿在家进餐的情况，请家长与幼儿一起根据家中午餐食材，创编《午餐歌》，调动幼儿在家愉悦进餐的情绪。

有助于幼儿迁移有关创编的经验。［回归生活］

【活动资料】

午 餐 歌

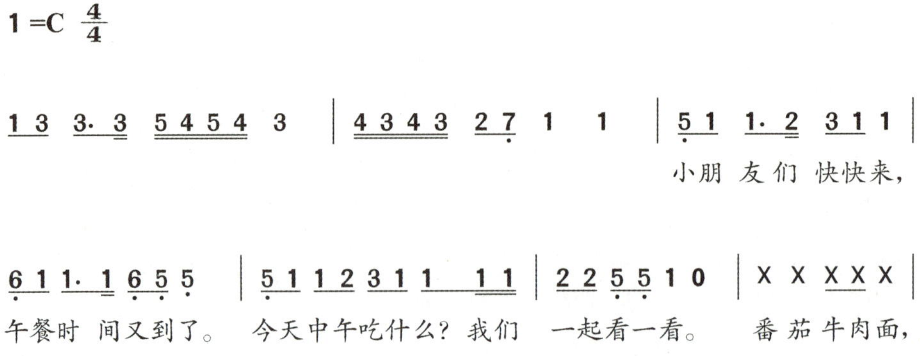

XXXXXX	XXXXXX	XXXXXX	X X XXX
番茄番茄嗷嗷，	牛肉牛肉嗷嗷，	面条面条咝咝。	番 茄 牛肉面，

2 2 5 5 1 0 ‖

我们吃光啦！

◆反思与推进

一、幼儿的学习与发展

（一）幼儿更愿意接受面条、咸粥类午餐，增强了有关愉快进餐的情感体验。

（二）幼儿学会了以“×× ×× × ×｜”节奏型进行说唱的技能，能替换部分歌词创编新的说唱段落。

（三）幼儿在带有游戏性的集体演唱中获得了愉悦的审美体验。

二、活动亮点

（一）改编后的《午餐歌》旋律、歌词较为适宜。歌曲旋律活泼轻快，与愉悦进餐的情绪相吻合。歌词源于幼儿的已有生活，是幼儿熟悉、能理解的内容。歌词本身具有节奏感和韵律美，其中重复的象声词使得歌曲更富趣味。说唱部分句式工整，便于幼儿替换和创编。

（二）教师采用多种策略解决重难点。本次集体教学的重点在于借助学唱歌曲，进一步强化幼儿有关午餐的积极情感；难点在于引导幼儿掌握 B 段“×× ×× × ×｜”的说唱。教师设计的教学路径始终紧扣“活动缘起”，利用互动唤起幼儿的已有情感与经验，借助演唱歌曲隐性地渲染午餐的美味，从而有效呼应活动目标。同时，教师采用师幼讨论歌词以及游戏化练唱等方式，紧扣歌唱活动的关键经验，解决了 B 段说唱的难点。其中，教师设计的“吃面条”游戏，让幼儿在“边演唱边吃掉食物”的游戏情境中投入而愉悦地练唱，避免了反复练唱的枯燥。

三、活动后续

（一）教师每日进餐前带幼儿一起唱《午餐歌》，将当日午餐食材编入歌词，调动幼儿进餐的兴趣。

（二）教师将歌曲图谱和伴奏音乐投放在表演区供幼儿演唱，受到幼儿的欢迎；将图谱设计成可灵活更换食材的样式，供幼儿自由替换图片，自主创编新的《午餐歌》。

（三）教师带领幼儿到其他班级表演《午餐歌》，同时宣传午餐的营养，将幼儿对午餐的喜爱之情传递给其他班级幼儿。

（四）教师请幼儿与家长一起，根据家中的午餐食材创编新的《午餐歌》，并到班级中展示自己的创编作品。

毛毛虫乐园

龙岩市漳平市宝娘幼儿园　杨　利　郭余云

◆活动缘起

近期班级幼儿对毛毛虫很感兴趣。我们顺应幼儿的兴趣，开展了"毛毛虫的美丽世界"主题活动。幼儿对探究毛毛虫的兴趣越来越浓厚，在一次区域活动中发生了这样的互动。

幼儿真实感兴趣的内容。[源于生活]

烁烁说："你们知道吗？我在电脑里看到的毛毛虫爬来爬去地吃树叶。"说着，他拿出了一张图画纸，用彩色笔画了一条长线来表示毛毛虫吃树叶，开心地说："你们看，就是像这样子的。"娜娜看了看，说："可是我觉得你画得一点都不像呀，我看到毛毛虫可是胖胖的。"乐乐说："知道吗？还有花花的毛毛虫呢！"烁烁将图画纸揉成团，嘟起嘴，说："不画了，不画了，你们说的我也看到了，我画不出来。娜娜，不然你画一只我看嘛。"娜娜说："我也不会，反正不是你画的那样！"

幼儿自主萌发了表达的愿望。[源于生活]

幼儿面临的问题。[源于生活]

从幼儿的画作和交谈中，教师发现幼儿有创作毛毛虫的愿望，但受年龄特点和技能发展的限制，小班幼儿还无法用精细动作去创作自己看到的或想象的作品。那么，如何帮助幼儿将观察到的毛毛虫动态，用艺术的象征符号表现出来呢？为此，教师准备开展集体教学活动“毛毛虫乐园”，通过拼摆自然物，降低创作过程中对精细动作的要求，支持幼儿用反复添加、删减、组合等方式来创作毛毛虫，同时呵护幼儿表达的兴趣与热情。

对幼儿的绘画技能现状进行分析。[源于生活、基于生活]

针对小班幼儿的年龄特点选择拼摆的方式开展活动。[源于生活、基于生活]

◆以集体教学形式开展活动的价值辨析

一、有助于为幼儿当前的兴趣和面临的困难提供必要的支持，呵护幼儿创作的信心。前期的系列活动，已经让幼儿对毛毛虫积累了一定的情感和经验。幼儿用美术的方式创作毛毛虫时，遇到“画不出来”的问题。运用集体教学的形式，能帮助幼儿获取创作所需的具体表征符号，能支持幼儿创作。

二、有助于发展幼儿有关拼摆创作的技能。用适宜的方式进行艺术表达，是幼儿艺术发展的核心经验。针对幼儿年龄小、精细动作能力尚弱的特点，教师准备打破创作工具单一的局面，充分利用幼儿熟悉的乡土材料，如果壳、竹筒、松果、蛋托等，引导幼儿探索用拼摆的方式创作出不同形态的毛毛虫。同时，在集体创作中，教师将及时对幼儿有关拼摆的重难点进行梳理，支持幼儿在一次次尝试中创作，提升幼儿的艺术表达能力。

三、有助于幼儿在集体创作中感受作品集合时的美感。“魔法”游戏是目前幼儿喜欢的游戏。教师准备以集体游戏“小魔仙巴拉巴拉变”为线索，利用幼儿园后操场的一块平整的空地，引导幼儿玩光脚踩脚印的游戏——随着音乐用脚踩出一片大大的“绿草地”，充分激发幼儿创作热情的同时也为后面毛毛虫的创作提供了“背景板”。在游戏过程中，教师将强化集体的力量，引导幼儿充分感受同伴协作的快乐。教师将鼓励幼儿在“绿草地”上拼摆毛毛虫，指导幼儿把集体创作的各种毛毛虫作品摆放在一起，更好地呈现“毛毛虫乐园”。

◆活动设计/过程

【活动目标】

• 初步欣赏、感受毛毛虫的外形特征和动态美。

• 初步尝试使用自然物及废旧物等材料拼摆毛毛虫。

• 体验集体艺术活动带来的乐趣。

解决幼儿前期活动中存在的问题，满足幼儿的发展需要。[基于生活]

【活动准备】

• 经验准备：幼儿通过观看毛毛虫的影像资料，对毛毛虫的身体结构有所了解；幼儿有使用自然物材料进行简单创作的经验。

• 材料准备：背景音乐，毛毛虫玩偶，树枝、果壳、竹筒、松果、蛋托、油桶等自然物或废旧物，颜料、排笔等工具。

选用幼儿生活中常见的材料，有助于调动幼儿创作的热情和相关经验。[基于生活]

【活动过程】

一、设置情境，激发幼儿的参与兴趣。

引导语：小魔仙们，起床喽！今天天气真好，我们一起去森林玩吧！巴拉巴拉变！（引导幼儿光脚在场地内伴随着音乐开心地游戏）

游戏化的方式有助于调动幼儿创作的兴趣，也有助于链接幼儿前期相关的经验。[基于生活]

图 2-8-1

二、梳理经验，引导幼儿感受毛毛虫的动态美。

对幼儿在前期所获得的经验进行梳理，实现新旧活动间的链接。[源于生活、基于生活]

（一）出示毛毛虫玩偶，引导幼儿自由观察、交流毛毛虫的身体结构。

引导语：小魔仙们真厉害，变出了这么一大片草地。看，哇！爬来了一只毛毛虫。（出示毛毛虫玩偶）小魔仙们，毛毛虫长什么样？（幼儿自由观察、讨论）

小结：毛毛虫，爬呀爬，脑袋圆圆触角长。毛毛虫，爬呀爬，身体一节接一节，爬呀爬，爬呀爬。

（二）引导幼儿回顾经验，感受毛毛虫的动态美。

提问：我们一起看了绘本《毛毛虫去散步》，书中的毛毛虫是怎么散步的？身体像什么？

幼儿1：我看到了毛毛虫在爬树，身体像直直的木棒。

幼儿2：毛毛虫爬的时候，身体会拱起来，像一座弯弯的拱桥。

幼儿3：有的毛毛虫把自己卷起来，像一个圈一样。

小结：对，毛毛虫身体有时候会弯成半圆形，有时候会像一条直直的线，有时候会扭来扭去，像跳舞一样。遇到危险的时候，毛毛虫还会卷成圆形。

三、引导幼儿用拼摆的方式创作毛毛虫。

引导语：咦？毛毛虫的朋友哪去了？快请小魔仙们帮帮忙，变出许多毛毛虫吧。

（一）引导幼儿观察材料。

引导语：巴拉巴拉变！大魔法师这里变出了许多材料，有树枝，有松果，有油桶，有竹筒，还有许多其他的材料。

（二）组织幼儿讨论。

提问：这么多材料怎么变成毛毛虫呢？可以变出什么样的毛毛虫？

（三）鼓励幼儿大胆创作。

充分利用园内适宜的场地，支持幼儿更自由、更大胆地创作。［基于生活］

引导语：小魔仙们在变魔法的时候要注意。第一，用不同的材料拼摆出和别人不一样的毛毛虫。第二，变好毛毛虫后，把剩下的材料归位放整齐。小魔仙们，快快行动起来吧！巴拉巴拉变！

四、鼓励幼儿自由选择喜欢的材料，大胆创作。

（一）引导幼儿自由选择材料进行创作。

（二）巡回指导：鼓励能力弱的幼儿拼摆出不同动态的毛毛虫，引导能力强的幼儿装饰自己摆好的毛毛虫。

根据幼儿创作的不同情况而采取不同的指导策略。［基于生活］

五、组织幼儿互相欣赏作品。

提问：小魔仙们，你变了哪只毛毛虫？是用什么材料拼摆出来的？

幼儿1：我用蛋托变出了毛毛虫弯弯的身体，用树枝做毛毛虫的触角。

幼儿2：我用竹筒变出了一条卷成一圈的绿色毛毛虫。

图 2-8-2

图 2-8-3

小结：我发现小魔仙们都好厉害，能用小脚变出草地，还能用小手变出各种各样的毛毛虫。小魔仙们好棒呀！给自己鼓鼓掌。现在我们要去玩水喽，洗洗我们的小脚丫。

巧妙利用现成的场地条件。[基于生活]

【活动延伸】

· 区域活动：在美工区继续引导幼儿进行拼摆创作；提供毛毛虫的泥塑作品，鼓励幼儿欣赏与讨论不一样的创作方式；把幼儿创作的作品拍下来，贴在美工区展示墙，鼓励幼儿互相欣赏。

延续经验，让幼儿持续体验探索、创作的乐趣。[回归生活]

· 生活活动：引导幼儿到种植园地继续寻找、观察毛毛虫。

· 家园共育：请家长引导孩子进一步观察、了解毛毛虫。

◆反思与推进

一、幼儿的学习与发展

（一）幼儿熟悉了毛毛虫的外形特征，获得了审美表达的机会和愉悦的情感体验。

（二）幼儿习得了拼摆的新经验，并且能迁移经验，用于艺术创作。

（三）幼儿感受到集体创作带来的乐趣。

二、活动亮点

（一）活动使用的材料，是教师和幼儿一起收集的竹筒、树枝、油桶等幼儿经常接触的自然物和废旧物。教师充分挖掘生活化的材料，丰富了幼儿表现的途径。

（二）幼儿在温馨、快乐的活动氛围中，感受了愉悦。幼儿运用拼摆的方式边游戏边创作毛毛虫作品，感受到艺术活动的乐趣。

三、活动后续

之后的活动中，教师支持幼儿运用不同的艺术创作手法表现毛毛虫；开展阅读《好饿的毛毛虫》活动，引导幼儿在故事情境中自主创作更加具有色彩美感、层次感的毛毛虫作品。

第三章 中班集体教学实例与分析

走开吧，蚊子！

泉州幼儿师范学校附属幼儿园 朱芬霞 刘雪芬

◆活动缘起

春夏交替，正是蚊虫多发季节。蚊虫叮咬，成为幼儿生活中常见的烦恼。在与幼儿闲聊时，教师发现幼儿对蚊子的话题很有兴趣。有的幼儿发现蚊子有花蚊子和黑蚊子，还有公蚊子和母蚊子；有些幼儿甚至基于近期对昆虫的关注，产生了许多猜想。幼儿对待蚊子的态度是一致的：可恶的蚊子！由于蚊子一时成为班级的热门话题，教师便支持幼儿通过绘画“可恶的大蚊子”来表达对蚊子的“痛恨”。

幼儿日常生活中的真实问题。[源于生活]

然而，聊天和绘画表达终究解决不了这个麻烦。一天，蚊子再次引起全班幼儿的关注——妮妮的腿上有了许许多多的“小红包”。

凯凯：你的腿怎么都是红红的？

妮妮：蚊子咬的。

凯凯：你没有喷防蚊液吗？

妮妮：有，可是很痒！我一直抓，就变成这

样了。

凯凯：我也有一点点痒。

毅毅：我喷了防蚊液，还有蚊子咬我。我也有很多红红的。

洛洛：我奶奶说用手摁一摁就不会痒了。

妮妮：不是，我妈妈说要用肥皂洗一洗，就不会很痒了。

…………

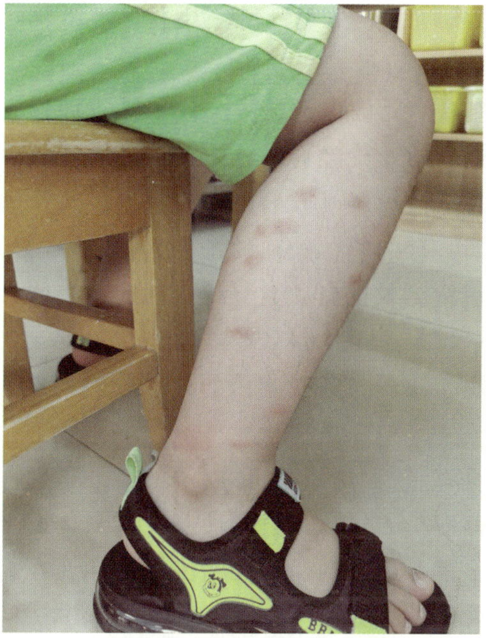

图 3-1-1

妮妮被蚊子咬得满腿都是“小红包”，引起了同伴的关注。教师从幼儿的对话中了解到幼儿知道防蚊可以贴防蚊贴、喷防蚊液，被蚊子咬了可以抹风油精等。但教师在观察中发现，当被蚊子叮咬后，幼儿的直接反应就是用抓、挠的方式处理，从而引起了红斑、伤口。可见，防蚊以及被蚊子叮咬后如何处理，是当前幼儿亟待解决的问题，具体包括如何寻求适宜的防蚊办法、如何使

幼儿在现实生活中发生的真实事件。[源于生活]

对现象背后的幼儿需要

用不同的防蚊工具等。为此，教师拟围绕防蚊和蚊子叮咬后的处理方式开展一次集体教学活动，帮助幼儿获得健康、科学的方法，丰富幼儿适应季节的经验，提升幼儿健康生活的意识和技能。

进行分析。[源于生活]

◆以集体教学形式开展活动的价值辨析

一、呵护幼儿的探究兴趣，满足幼儿的生活需要。蚊子叮咬后如何正确处理，是幼儿生活中急需解决的问题。解决这一问题，能有效帮助幼儿提升生活舒适感。集体教学形式能帮助幼儿搭建讨论平台，支持幼儿共同梳理防蚊经验，既符合幼儿的兴趣，又能满足幼儿防蚊的需要。

二、拓展幼儿的防蚊经验，提升幼儿的保健能力。蚊子叮咬问题在之前已引发了幼儿的关注、表征和讨论。幼儿已经有了一定的经验，特别在活动前教师支持幼儿通过绘画的形式表达被蚊子叮咬后的感受。由于每个幼儿的个体感受不同，聚焦的问题也不同：有的幼儿关注蚊子的繁衍，有的幼儿关注蚊子的种类，有的幼儿关注生活中防蚊的方法，等等。因此，集体教学的集中交流与讨论，有助于幼儿分享与表达个体观点与经验，让碎片化的经验与同伴的经验相互碰撞，整合防蚊的知识与被叮咬后的处理方法，提升夏季蚊虫防护与适应能力。

三、有助于幼儿形成正确的防蚊态度，学习健康新技能。集体教学中，教师将通过把握“感知—理解—运用”的规律，引导幼儿在亲身体验、动手操作中养成积极应对的情感态度。教师可以利用问题情境帮助幼儿在对话的基础上，梳理与总结被蚊子叮咬后的处理方法，让幼儿感受科学方法的实效性；通过图片、实物等材料帮助幼儿进一步了解防蚊的材料与方法，引导幼儿感受科学方法的可操作性。

◆活动设计/过程

【活动目标】

• 知道蚊子给人们带来的麻烦，了解被蚊子叮咬之后的简单处理方法。

• 初步了解传统中药的防蚊方法，积极参与

呼应了幼儿前期活动的兴趣和发展需要。[基于生活、回归生活]

防蚊行动。

· 不畏惧蚊虫叮咬，愿意积极应对。

【活动准备】

· 经验准备：幼儿已用绘画的形式表达被蚊子叮咬的感受，幼儿已调查过常见的防蚊方式和被蚊子叮咬后的处理方式。

· 材料准备：幼儿被蚊子叮咬的图片，幼儿前期调查表，电蚊拍、风油精、驱蚊水、防蚊草、蚊香等，艾草、薄荷、薰衣草等中草药，布袋、绳子等。

【活动过程】

一、说说被蚊子叮咬后的感受。

以幼儿被蚊子叮咬的事件导入活动，引导幼儿参与讨论。

链接幼儿前期活动，唤起幼儿的相关经验，强化幼儿的兴趣。[基于生活]

教师：夏天来了，我们会常常遇见讨厌的蚊子。这段时间，小朋友们很关心这个问题，请问，你们被蚊子咬过吗？被蚊子咬了会怎么样？有什么感觉？

小结：被蚊子叮咬后，有时会肿一个包，有时会有一个个红点点。被蚊子叮咬后感觉特别痒，会让人很想去挠一挠。

二、交流被蚊子叮咬后的处理方式。

（一）结合问题，鼓励幼儿表达自己被蚊子叮咬后的处理方式。

呼应幼儿前期已有的行动和经验，鼓励幼儿表达。[基于生活]

问题1：被蚊子叮咬的地方特别痒，怎么办？能一直挠吗？

问题2：有什么方法可以让被蚊子叮咬的地方不那么痒？

小结：被蚊子叮咬了以后，要及时抹上风油

精等止痒，不能用力地抓挠。

（二）引导幼儿看一看、说一说被蚊子叮咬不同位置后的处理方法。

支持幼儿已有的认知经验在新的问题支架下得到突破。[基于生活、回归生活]

问题1：平时你们是怎么使用风油精和花露水的呢？

问题2：怎么喷、怎么抹才是安全的？在脸上和在身上一样吗？

问题3：忍不住挠成伤口了，怎么办？还可以用风油精吗？

小结：被蚊子叮咬的位置不同，我们可以选用不同的防蚊材料。如果脸上被咬，在使用防蚊药品时要注意保护好五官，避免造成伤害；如果已经破皮了，就不能用风油精，要把伤口消毒一下，防止感染；用完防蚊药品后记得清洗双手。

图 3-1-2

三、分享生活中安全、科学的防蚊方法。

（一）说一说有哪些防蚊方法。

小结：生活中的防蚊材料很多，防蚊方法也很多。直接穿上长裤，蚊子就咬不着；用电蚊拍、捕蝇草，可以消灭蚊子；用特殊的味道，比如戴在手上的防蚊圈、点的电蚊香，可以驱蚊。有些蚊香的味道会让我们感觉头晕，不能长时间使用。防蚊包的味道没有那么大，也比较好闻。我们班级各个角落就用上了防蚊包。

（二）揭秘操作：制作防蚊包。

再次回归幼儿的真实生活。[回归生活]

1. 引导幼儿将班级的防蚊包找出来闻一闻，看看防蚊包里有什么。

图 3-1-3

2. 鼓励幼儿动手制作防蚊包：提供艾草、薄荷、薰衣草等中草药，引导幼儿自主制作自己喜欢的防蚊包。

四、总结。

总结：小朋友们，生活中我们可能没有办法完全避免蚊虫叮咬，但是我们可以了解如何更好地防蚊，以及被蚊子叮咬以后如何正确处理。只要有了好的办法，蚊子叮咬问题一定难不倒我们！

【活动延伸】

· 区域活动：在科学区投放白醋、糖等，引导幼儿探索环保防蚊液的制作方法；引导幼儿将制作的防蚊包送给需要的人（“谁更需要防蚊包”成为进一步探究的可能）。在美工区继续支持幼儿

经验的延续，支持幼儿持续探索、体验探索的乐趣。[基于生活、回归生活]

表征有关蚊子的相关经验。

· 生活活动：引导幼儿观察幼儿园周边种植的椒麻草、薄荷等防蚊植物，提供薄荷、猪笼草、捕蝇草等防蚊植物，以此引导幼儿观察与发现生活中还有哪些植物可以防蚊。

◆反思与推进

一、幼儿的学习与发展

（一）情感态度上，幼儿从害怕、厌恶蚊子叮咬开始向积极应对转变。

（二）幼儿在对话与互动中了解了有关科学防蚊和被蚊子叮咬的处理方法的知识和技能。

（三）幼儿能制作防蚊包并运用到生活中，获得了运用经验的机会和愉悦的情感体验。

（四）幼儿对多种防蚊方法更加好奇。

二、活动亮点

（一）活动的问题来源、经验铺垫、材料准备等，都立足于幼儿的实际生活，意在解决幼儿面临的夏季被蚊子叮咬的问题，提升幼儿的适应能力。

（二）活动过程中，教师以问题为导向，从交流被蚊子叮咬的个体感受，到了解被蚊子叮咬后的处理方法，再到制作、体验防蚊包，环节层层递进，支持幼儿在表达、交流中获得新经验。教师充分使用了多元的教学法，如调查法、讨论法、观察法、操作法等，保证了教学的有效性。

三、活动后续

活动后，幼儿对防蚊包的兴趣依旧很浓厚，纷纷尝试制作并渴望验证其防蚊的效果。教师鼓励幼儿将防蚊包送给需要的人、将防蚊包放到容易产生蚊子的地方。此外，教师将在后续的生活中与幼儿持续寻找生活中人们还用了哪些科学、安全、有效的方法来防蚊等，鼓励幼儿在问题的情境中不断探究，提升生活能力，丰富健康知识，了解科技与生活、人与自然等的关系。

我不跟你走

泉州幼儿师范学校附属幼儿园　黄燕君　潘丹阳

◆活动缘起

现实生活中，幼儿丢失、被拐的现象仍有发生。防止幼儿被拐的警钟无论何时都有必要敲响，它关乎幼儿乃至每个家庭的生活与幸福。我们园十分重视幼儿防拐防骗工作，平时教师会结合谈话、阅读绘本、讲故事、念安全儿歌等，开展相关的教育活动。另外，我们还会借助一些真实的情境，比如春游或秋游，开展相应的安全演练活动。

基于真实的社会生活背景和幼儿园课程背景。[源于生活、基于生活]

这次幼儿园组织的秋游防拐演练活动中，我们班多名幼儿被“陌生人”（幼儿园指派人员扮演的）骗走了——在幼儿就地品尝美食的环节中，一名“陌生人”悄悄来到明浩身边，拿着正在播放着动画片的手机晃了晃：“这手机里的动画片真有意思，你要看吗？跟我走，还有更好玩的游戏呢！”旁边的楚馨拉了拉明浩：“不要去，说不定是骗子呢。”可是明浩站了起来，眼睛盯着手机屏幕，说：“有好玩的呢。”这时，旁边的另外三四个幼儿，也被正在播动画片的手机给吸引了，跟着站了起来，和明浩一起毫不犹豫地走了。（参见图3-2-1）瀚瀚在回答“为什么跟着陌生人走”时说：“他叫了我的名字，还说是我爸爸妈妈的朋友呢。”

幼儿日常生活中真实存在的现象。[源于生活]

幼儿在真实情境中对陌生人的警惕性依旧不高的问题，引起了教师的重视。究其原因，一方

对现象所反映的幼儿需要进行分析。[源于生活]

图 3-2-1

面，幼儿在家庭和幼儿园所处环境安全，接触危机的实际体验较少，对防拐防骗的认知停留在浅表层面；另一方面，中班幼儿分辨是非的能力较差，通过谈话、朗诵安全儿歌等方式进行分散式、浅表性的安全教育，并不能唤起幼儿的安全警觉意识。

为此，我们准备把秋游防拐演练活动以及出现的问题作为教学内容，以防拐为切入点，以真实问题为探索的主线，帮助幼儿进一步梳理、分辨几种哄骗行为，提高幼儿防拐的敏感度，支持幼儿树立安全意识，提高幼儿自我防护能力。

◆以集体教学形式开展活动的价值辨析

一、有助于在真实情境中唤起幼儿的防拐意识。集体教学延续防拐演练活动并进行聚焦式讨论，能有效链接幼儿对防拐防骗的已有认知，凸显真实存在的安全危机，帮助幼儿增强对陌生人的防范意识。

二、有助于丰富幼儿对防拐的认知和体验。每个幼儿对防拐的认知是不一样的，师幼、幼幼间多方的互动，能丰富幼儿的认知。集中讨论、分析，能引发幼儿已有认知的碰撞，支持幼儿梳理不受陌生人诱惑的方法，让幼儿知道如何应对可能遇到的危险。另外，移情方式能自然引领幼儿感受、体验。

◆活动设计/过程

【活动目标】

·知道“陌生人”的含义，感受跟着陌生人走的危险，懂得不能轻信陌生人的话，防止上当受骗。

对“活动缘起”有所呼应。[源于生活、回归生活]

·能初步识别陌生人的哄骗行为，提高防拐的自我保护意识和安全意识。

【活动准备】

·材料准备：秋游防拐演练活动的照片，警察叔叔防拐录像片段，黑板，贴纸，多媒体课件。

合理选用现成的资源，有助于调动幼儿前期的相关经验。[基于生活]

【活动过程】

一、回忆情节，谈体验，说轻信陌生人的危害。

（一）借助秋游防拐演练活动的照片，通过问题“在防拐演练活动中，你是怎么做的？”引导幼儿回忆演练活动中的情节。

链接前期活动，唤起幼儿的相关经验，激发幼儿参与活动的兴趣。[源于生活、基于生活]

（二）定格演练活动中“陌生人”的画面，引导幼儿明确“陌生人”的含义。

提问：这是谁？你们认识他吗？

图 3-2-2

（三）鼓励幼儿根据自己的已有经验，大胆发表自己的意见和看法，知道轻信陌生人可能会被拐走的后果。

二、分析缘由，增强防拐意识。

（一）请演练活动中没有“被拐”的幼儿（尤其是“被拐”而未成功的幼儿）现身说法，说说当时是怎么想的、怎样做的。

呼应前期发现的问题，实现经验的突破。[源于生活、基于生活]

提问：陌生人要带你走的时候，跟你说了些什么？你是怎么做的？

（二）连线“警察叔叔”（家长）进行通话互动，并共同观看防拐录像片段，深化幼儿对“不轻信陌生人，更不能跟陌生人走”的认识。

（三）小结：陌生人经常会用好吃的、好玩的东西来骗小朋友，或者他们会说是爸爸妈妈的朋友，或者请小朋友帮他做事。小朋友如果相信了陌生人的这些话，就会上当受骗，被陌生人拐走。

三、拓展经验，提升安全意识。

（一）拓展讨论。

提问：你觉得有哪些地方可能会遇到陌生人？在这些地方遇到陌生人应该怎么办？

（二）以在公园、在商场、离园等情境中独处时遇到陌生人为例，引导幼儿知道外出活动时不能离开大人或群体，独处时不轻信陌生人、不能跟陌生人走。

（三）鼓励幼儿以“听我说一说”的游戏形式，表达应对陌生人的方法。

（四）小结：在商场、游乐场、幼儿园门口等地方，有可能会遇到陌生人。不管在什么地方，小朋友不能相信陌生人的话，要保护好自己，不能跟陌生人走。

【活动延伸】

· 生活活动：利用自然情境、自然时机，开展防拐演练活动，观察幼儿应对陌生人的表现，适当拓展幼儿有关陌生人的应对方式以及求助方式的经验；开展“我是小小防拐宣讲员”活动，鼓励幼儿借助互动游戏中“不跟陌生人走”的情境图片，以“我是安全宣传员”的身份对其他班级的同伴进行宣讲。

必要的检验有助于新经验的深化与应用。［基于生活、回归生活］

◆反思与推进

一、幼儿的学习与发展

（一）幼儿在思维的相互碰撞中反思了近期的防拐演练活动，梳理出陌生人的各种哄骗行为。

（二）幼儿知道了被拐的严重后果以及面对陌生人该怎么做，树立了“不轻信陌生人”的意识。

（三）幼儿在分析判断的过程中积极思考、主动探索，提高了分析问题、解决问题的能力。

（四）幼儿初步掌握了自我保护的方法，提高了沉着冷静处理问题的能力，实现了由经验到行为的转化。

二、活动亮点

（一）活动以真实情境切入，引发幼儿的思考。教师通过层层提问，引起幼儿内心深处的触动和感悟，从而达到提高幼儿防拐能力的目的。

（二）教师在了解幼儿前期经验的基础上，结合安全防护的核心经验，确定了本次活动的目标。目标基于幼儿前期的经验，紧扣核心经验，表述具体，操作性强。

（三）活动环节的设计，凸显源于生活、回归生活的理念；环节紧扣目标，层层递进，线索清晰，有效突破了活动的重难点。

三、活动后续

通过这次活动，幼儿知道了在任何场所都有可能遇到陌生人，了解了陌生人哄骗的几种常用方式，并懂得不能轻信陌生人的话以及要保护好自己、不能跟陌生人走的道理。但是在离开活动现场之后，他们真的能抵挡住各种诱惑和哄骗吗？未来，教师将在合适的时机，邀请一位志愿者扮演陌生人，让幼儿在真实情境中去面对“陌生人”，从中观察幼儿应对“陌生人”的表现，引导幼儿进一步拓展求助方式等。

样样蔬菜都要吃

泉州幼儿师范学校附属幼儿园　陈　婕　潘丹阳

◆活动缘起

在谈话活动“我最爱的美食”中，当聊到最爱吃的美食时，班级幼儿开始了“畅聊”。小轩说：“我最爱吃薯条。”小宸说：“我最爱吃麦当劳的汉堡包。”小静紧接着说：“我妈妈说薯条容易上火，不能吃。”其他幼儿纷纷说出了自己喜爱吃的美食：“我最爱吃蛋糕。”“我最爱吃火锅。”“我爱吃海鲜。”……关于美食，幼儿似乎有说不完的话。基于幼儿的热点话题，我们以“吃”为主题，开展了“美食小当家”主题活动。

基于幼儿的兴趣和当前的课程背景。[源于生活]

在“餐桌走访”活动中，希希说：“黑色的香菇太黑了，我不敢吃！”楠楠说：“我没吃过南瓜。看起来黏黏的，我不想吃。”圆圆说：“我最讨厌芹菜的气味，我想挑掉它！”……通过走访，教师发现幼儿对蔬菜的喜爱度不高，且有着各自独特的感受。当前，幼儿正处在良好膳食习惯培养的关键时期，引导幼儿形成积极、科学的饮食态度和饮食习惯，能让他们受益终身。

幼儿的真问题。[源于生活]

然而，反思幼儿的成长环境和幼儿已有的经验，他们对“要多吃蔬菜”的认识并不是空白的。

基于幼儿的需要，确定活动合宜的切入点。[源于生他们当前的问题在于如何接纳健康的饮食观并在日常行为中自然、愉悦地展现。这就需要开展一次富有“人情味儿”的活动，用温暖的氛围支持幼儿真切地表达、由衷地接纳。基于此，我们拟从幼儿的挑食问题着手，旨在引导幼儿直接感知和亲身体验蔬菜的“好”，并愿意接纳几种特殊的蔬菜，以改善幼儿的不良饮食习惯，最大限度地帮助幼儿养成不挑食的好习惯。

活、基于生活]

◆以集体教学形式开展活动的价值辨析

一、情境渲染，有助于幼儿积极融入与回应。教师立足幼儿年龄的特点，创设积极、适宜的集体学习氛围，能有效感染甚至影响幼儿。情境化、生活化的活动模式，能够唤起幼儿已有的经验，使得他们愿意参与活动。

二、交流互动，有利于幼儿建构经验。在同伴的带动下，幼儿不仅充分了解了样样蔬菜都吃的好处，并在交流中把获得的感知上升为健康意识，再将此意识转化为品尝与接纳的行为。可以说，多形式交流互动能支持幼儿将经验、能力、情感结合起来。

三、直接感知，有益于幼儿健康行为的重构。中班幼儿以具体形象思维为主，因此视觉、味觉结合的方式，在增强幼儿对蔬菜感知的同时能带给幼儿心理冲击，从而引发幼儿愿意接纳特殊蔬菜的倾向。

◆活动设计/过程

【活动目标】

·了解吃多种蔬菜的重要性，提升健康生活的意识。

·增强对几种黑色食品及特殊气味蔬菜的感知，愿意尝试接纳。

符合幼儿真切的需要。[源于生活、基于生活、回归生活]

【活动准备】

·经验准备：幼儿在活动前已接受调查问卷，说明了不爱吃的蔬菜品种以及不爱吃的原因；幼儿已了解一些常见蔬菜的营养价值。

·材料准备：香菇、黑木耳、西红柿、芹菜等若干种蔬菜，厨师做的蔬菜花样美食（凉拌黑木耳、葱油饼、炸菜丸子、香酥香菇、香菇炒肉、排骨香菇汤、香菇芹菜猪肉饺子、香菇蒸蛋），“不喜欢的蔬菜”问卷调查汇总表，餐具，干、湿纸巾，课件等。

基于前期调查的结果，合理利用现有的资源。[基于生活]

·环境创设：创设“蔬菜我喜欢”“美食品尝区”情境。

再现真实的生活情境，有助于调动幼儿的兴趣。[基于生活]

【活动过程】

一、以情境“蔬菜我喜欢”导入，激发幼儿参与活动的兴趣。

以情境“蔬菜我喜欢”导入，调动幼儿的已有经验。[基于生活]

（一）以“今天厨房里送来的蔬菜有哪些？你认识它们吗？”导入，引导幼儿自由观察与交流。

提问：今天幼儿园采购的蔬菜，你最喜欢哪一种？为什么？你们猜猜，今天厨房给我们做什么美味的午餐？

（二）鼓励幼儿大胆向同伴或教师介绍自己喜爱的蔬菜及营养价值。

小结：今天厨师们为我们做的美味午餐是胡萝卜咸饭配西红柿蛋汤。小朋友喜欢的蔬菜不一样，但是今天每样蔬菜都有它的特殊营养，所以厨师会把它们全部放在一起，做成我们的美味午餐。

二、讨论“不喜欢吃的蔬菜”，表达不喜欢的原因。

引导幼儿结合“不喜欢吃的蔬菜”问卷调查汇总表，讨论为什么不喜欢吃这几种蔬菜。

三、交流“吃多种蔬菜”的益处，了解均衡膳食的重要性。

（一）围绕“餐桌上为什么要有这些蔬菜呢？”

呼应前期发现的问题，

"如果不吃或少吃蔬菜好吗?"等问题，引导幼儿结合自己的感受大胆表达自己的看法。

实现幼儿经验的突破。[基于生活]

(二)播放课件(保健医生的采访录像《蔬菜本领大》)，帮助幼儿了解蔬菜的营养价值及均衡膳食的重要性。

四、感受"营养又美味的蔬菜"，进一步观察与了解蔬菜。

(一)提问:蔬菜那么重要，可是有的小朋友还是不吃，有什么办法帮助他们吗?

(二)引导幼儿观察厨师做的蔬菜花样美食，感受美味菜肴的精致和美好，激发幼儿对几种黑色食品及特殊气味蔬菜的喜爱之情。

五、亲近蔬菜，体验蔬菜的美味。

(一)引导幼儿通过看、闻、取、尝，体验蔬菜的美味。

图 3-3-1

(二)引导幼儿在体验的过程中，大胆试吃，分享交流;重点观察对个别蔬菜特别排斥的幼儿的接受程度，鼓励和引导他们尝试接触与体验。

关怀在日常生活中有特别需要的幼儿。[基于生活、回归生活]

【活动延伸】

• 区域活动：通过“幼儿美食坊”，深化幼儿的食育认知；在“每周美食推荐”中，鼓励幼儿自主报名当美食坊厨师，制作美食，如凉拌西红柿、蔬菜沙拉、水饺等。

创设与经验相关的积极环境，在日常生活中渗透、强化幼儿获得的经验。［基于生活、回归生活］

• 生活活动：开展“我是厨房小帮手”系列生活活动，组织幼儿每周一次与厨房工作人员一起动手择菜、洗菜等。

• 家园共育：建议家长开展亲子活动“美食品鉴会”，和孩子选择一种蔬菜制作特色美食，一起品尝。

◆反思与推进

一、幼儿的学习与发展

（一）师幼、幼幼的交流丰富了幼儿已有的经验与认知，使幼儿重新感知了一些特殊蔬菜。

（二）幼儿加深了对常见蔬菜营养价值的了解，萌发了吃多种蔬菜的愿望。

（三）幼儿了解了均衡膳食的重要性，并在交流中把学习知识、发展能力、培养情感有机地结合起来，将意识转化为健康行为。

（四）通过“小步递进”的感受方式，幼儿打消了原有的“防御”心理，在“趣”“美”“变”蔬菜造型、美味菜品等感染下愿意接纳几种特殊蔬菜。

二、活动亮点

（一）操作性、探索性强，体现食育课程的落实。

（二）人文关怀，温情教育。视、味结合，自然浸润的方式让幼儿与蔬菜近距离互动。

（三）形式多样，进阶适宜，充分调动幼儿感官。整个过程中，幼儿在玩中学、议中学、看中学、品尝中学。活动高效地帮助幼儿了解并重视蔬菜的营养价值，有助于幼儿养成不挑食的好习惯。

三、活动后续

活动后，教师会在每日餐前准备时间，邀请一名幼儿提前在家做好今日美食的营养介绍，进一步向幼儿渗透关于荤素搭配、膳食安全等方面的知识。

猜猜他是谁

厦门市秀德幼儿园　吴志青　黄雯华

◆活动缘起

自由活动时间，芷凡伸出小手，小心翼翼地触摸着手背的小贴纸，开心地讲述自己刚刚得到的贴纸："我刚刚吃饭时桌面很干净，老师送给我一张小贴纸。"凌曼炫耀着昨天得到的贴纸："我的是红色的。"其他幼儿陆续围过来，说："我的蓝色贴纸有5张。""我已经有7张了！"……

发生在幼儿生活中的事件。[源于生活]

幼儿真实感兴趣的话题。[源于生活]

这样的对话时常发生。在幼儿园里，积分榜格外受到幼儿的关注。他们知道每个班级都设有积分榜，积分榜上的贴纸是教师对"我"的表扬，应该要珍视。基于幼儿的兴趣，教师特意组织了一次随机性的谈话。幼儿对积分榜提出了许多建议。教师不断就积分规则进行调整和优化：可以用不同颜色的贴纸代表对不同行为表现的奖励；在家、在园表现好都可以获得贴纸，而为了区别家里与幼儿园里的不同，每个人都可以有两张贴纸积分表，通过完成任务获得积分，每个月通过对积分的统计，评选出"班级之星"。同时，幼儿试着用绘画的方式来记录自己和他人的表现。幼儿对如何收集贴纸、贴纸如何粘贴和展示等问题越来越积极。积分榜激励着幼儿良好行为的

与已有的、真实发生的其他的课程有所关联。[源于生活]

产生。

到了月底评选“班级之星”的这一天，几个幼儿早早地围在积分榜旁统计着。琬馨数着自己的贴纸，说：“我有 10 张红色的贴纸，12 张绿色的贴纸……一共有 52 张。”乐涵说：“我有 48 张。”嘉妍说：“我有 50 张。”路宸说：“我有 38 张。”子画惊讶地问：“你在家的贴纸怎么这么多？”嘉妍一边翻着记录本，一边自豪地说：“看，我现在回家每天帮助妈妈扫地、认真完成妈妈布置的任务，能获得很多贴纸。”黄悦接着说：“我也是，妈妈说完成任务就送我贴纸。我的红色贴纸有 15 张。”那么“班级之星”是谁呢？是否是数量最多的琬馨呢？

从幼儿交流中可以发现，大家对贴纸的兴趣非常浓厚，对成为“班级之星”更在意，但存在以下问题：第一，幼儿谈话的内容主要围绕贴纸数量和颜色，缺少对贴纸所代表的优良行为的意义的谈论。简单的“比多比少”现象说明幼儿对贴纸的认识尚不足，经验较零散。第二，幼儿交谈中所反映的认知局限也可能与中班幼儿表达能力的不足有一定关联：缺少使用简单短句对优良行为进行描述的能力。

对幼儿的需要进行细化分析。[源于生活、基于生活]

基于幼儿存在的问题及分析，教师认为有必要为幼儿提供交流的平台，以集体教学活动的形式帮助幼儿丰富关于优良行为的认识，同时支持幼儿获得说明性讲述的经验，并拓展幼儿描述优良行为的词汇，使幼儿能够围绕重点有目的地讲述自己及他人的优良行为。

◆以集体教学形式开展活动的价值辨析

一、源于幼儿的问题有助于深化幼儿的认知。此次活动来源于幼儿津津乐道的“贴纸”话题。中班幼儿能有意识地聆听与自己有关的信息，愿意参与谈论自己感兴趣的话题，但内容停留在贴纸的数量、颜色等内容上。如何利用好贴纸这一每班必备的管理工具，将无意义的攀比行为转化为强化正向行为的动机，引导幼儿更加深入地谈论“贴纸”话题呢？集体教学的方式能够帮助全体幼儿进一步明晰贴纸背后的意义，进而促进幼儿优良行为的习得与积累；有助于全体幼儿在交流中丰富词汇及表达方式，进一步拓展话题的内容。

二、集体交流平台有助于促进幼儿语言能力的发展。《指南》中指出：“语言是交流和思维的工具。”“幼儿的语言能力是在交流和运用的过程中发展起来的。”“贴纸”话题是幼儿“有内容可说”“愿意说”的话题。集体教学提供了集体交流的机会，能够为幼儿创设自由宽松的、互动交流的环境，是幼儿锻炼和发展口头表达能力、逻辑思维能力、语言组织能力、语言运用能力的适宜形式。

三、多元评价有助于促进幼儿自我认识的提升。集体教学活动有计划、有目的、有组织的特点，有助于支持幼儿建构明确的认知。同伴、教师的评价及幼儿的自我评价，将帮助幼儿了解自我、提升个人行为品质。

◆活动设计/过程

【活动目标】

• 积极参与讨论有关贴纸及“班级之星”的话题，能更全面地认识优良行为。

呼应了前期活动和幼儿发展的需要。[源于生活]

• 敢于大胆地在集体面前表达，能较为清楚、连贯地对自我或同伴进行评价。

• 乐意参与“班级之星”的评选活动，愿意为之做出努力。

【活动准备】

• 经验准备：幼儿了解积分榜的规则。

• 材料准备：积分卡、幼儿行为记录表、积分榜、“班级之星”奖励。

选用幼儿积累贴纸的真实情境和材料，有助于调动

幼儿学习的热情和相关经验。[基于生活、回归生活]

【活动过程】

一、看一看：欣赏积分榜。

引导语：最近我们班布置了积分榜。小朋友们把在幼儿园的表现和在家里的表现都展示在其中，让我们一起来看一看吧。

链接前期活动，唤起幼儿的相关经验，激发幼儿参与活动的兴趣。[基于生活]

二、说一说：是怎么获得积分的？

（一）引导语：你获得了多少分？做了什么事？

（二）幼儿自由讨论。

（三）小结：原来，小朋友们最近有这么多好表现，讲文明（有礼貌、守规则、乐助人）、爱劳动、爱运动、会游戏、爱阅读……都可以获得积分。

三、猜一猜：谁是"班级之星"？

（一）荐一荐：自荐"班级之星"。

引导语：谁觉得自己可以获得"班级之星"，就向小朋友们介绍自己。

（二）猜一猜：同伴互猜谁是"班级之星"。

引导语：你觉得谁有可能获得"班级之星"？为什么？

（三）说一说：他有哪些具体的好行为？

呼应前期发现的问题，实现经验的突破。[基于生活]

出示幼儿所推荐的"班级之星"的行为记录表，鼓励幼儿说一说他做了什么事。

鼓励幼儿完整、清楚地描述"班级之星"的特征，连贯讲述"班级之星"的行为（事件）。示例：她是一个女生，绑着一个长长的马尾辫，常常笑呵呵的。她爱劳动，每天早早地来到幼儿园给植物角的小植物浇水，主动帮助生活老师整理毛巾和杯架。她讲文明，能主动说礼貌用语，并遵守各项游戏规则。她爱动脑筋，游戏中遇到问题会想办法解决。她的任务意识强，能够认真完成老师交代的任务。她很勤快，每天放学前能够快速整理好自己的小书包和衣服。在家里，她能够主动帮助妈妈打扫卫生。

小结：小朋友们通过绘画的形式记录了自己日常在学习、游戏、生活等方面的表现，并用语言描述了自己和同伴的行为表现，为你们的进步点赞！

（四）讨论并引导："班级之星"可以颁发给谁？

小结：一是数量最多的小朋友。他每天都有好表现，有很多的行为受到了老师、爸爸妈妈还有小朋友的喜欢，是我们的好榜样！二是有特别表现的小朋友。他不仅平时表现良好，还做了很特别的好事！这样的小朋友也是我们的好榜样！三是有明显进步的小朋友。这样的小朋友知道要变得越来越好，每天、每周都在进步，而且进步得很明显！

（五）和幼儿共同确定"班级之星"的对象。

四、奖一奖：激励成长。

（一）颁发"班级之星"奖励。

（二）小结提升。

小结：是的，这是老师从"会说话"的积分榜上发现的小秘密。这一张张的贴纸记录着小朋友们点点滴滴的表现，汇集在一起，就是闪闪发光的你们。老师很开心，你们都在努力着、变化着。相信总有一天，你们能成为最棒的自己。

回归幼儿真实生活，激励幼儿。[回归生活]

【活动延伸】

· 区域活动：在语言区投放幼儿行为记录表，增设"今日发现"小栏目，引导幼儿以小主播的形式讲述每日的良好行为；将"班级之星"细化为"运动之星""劳动之星""礼仪之星"等多项目，为幼儿提供更多展示自我的平台。

经验的延续，让幼儿持续体验探索、行动的乐趣。[回归生活]

• 家园合作：鼓励幼儿用绘画的形式记录行为表现，家长在记录表上帮助用文字记录幼儿绘画表达的内容。

◆反思与推进

一、幼儿的学习与发展

（一）幼儿通过自荐、讨论、梳理、评奖等过程，逐渐深化了对“班级之星”的认识。

（二）幼儿通过学习讲述，能够较完整地描述“班级之星”的表现。

（三）幼儿从教师、同伴口中了解到自己的进步，感受到他人的关注，产生了更多、更积极的自我体验。

二、活动亮点

追随幼儿脚步，捕捉学习兴趣点。活动所讨论的话题来源于幼儿日常生活中津津乐道的贴纸。贴纸就像动画片和棒棒糖一样，对幼儿具有非常大的诱惑力。幼儿讨论贴纸时，总是带着满满的自豪感。活动开始的谈话深化了幼儿对贴纸的认知，让幼儿知道得到贴纸是一种被肯定、被鼓励的表现。每个幼儿都渴望被爱、被接纳、被肯定，因此贴纸也相应被赋予了激励的作用。幼儿会为了得到贴纸而进一步规范自己的言行，经过行为的积累而成为“班级之星”。

三、活动后续

活动后，积分榜成为幼儿每日关注的焦点。他们自由、快乐地讲述和讨论，体验着发现成长、发现进步的快乐。积分榜成为幼儿园班级中必不可少的角落，随着幼儿兴趣的推进和经验的积累，它越来越丰富，记录了班级幼儿的成长痕迹。

感恩我身边的您

厦门市思明区思明幼儿园　刘小青　杨璐

◆活动缘起

在开展主题活动“中山路走透透”时，为了

让幼儿有直接的体验，我们带领幼儿走进老街社区，途中发生了一段小插曲：在前往社区的路上，一名园林工人爬到高高的树上，正站在树上修剪树枝。工人的劳动引起了幼儿的关注。一些幼儿打开了话匣子："老师，那位叔叔在干什么啊?""站在那么高的地方，真危险!""剪掉多余的树枝会让树木长得更好。" "这样我们厦门才会更漂亮。"……

师幼生活中的真实事件。[源于生活]

隔日，我们想起了幼儿参观时聊起的话题，于是与幼儿分享关于职业的绘本《忙忙碌碌镇》。绘本的分享引起幼儿的兴趣。幼儿纷纷加入讨论，聊起了自己身边人的工作，比如快递员、理发师、服务员、超市收银员、医生、护士等等。正在热烈讨论之时，我们班保育员叶老师提着装满干净毛巾的筐子，大汗淋漓地走进班级。见此情景，我们趁势问："那我们的叶老师厉不厉害呀?"有的幼儿说："叶老师每天要为我们分餐，还要给我们洗碗，做好多好多的事。"有的幼儿说："叶老师每天都要给女生绑头发。"有的幼儿说："叶老师很厉害！她能把活动室打扫得干干净净。"还有的幼儿说："叶老师给我们洗玩具、晒书本。"叶老师听到幼儿的话，开心地说："谢谢小朋友，我们幼儿园的每位老师都很棒。"说完后，幼儿们纷纷上前围拥在叶老师身旁。

幼儿已初步了解了他们身边一些人的工作。虽然幼儿对身边人的职业或工作有一定的经验，但还不能深度感受到身边人的工作与自己之间的关系。《指南》在社会领域中提到应积极引导4～5岁的幼儿尊重、关心长辈和身边的人。身边的人和事，其实就是课程资源，不仅有助于幼儿拓展社会认知、帮助幼儿正确认识周围人与自己生活

对幼儿真实行为所反映出的问题进行深入分析，从而确定活动的内容与价值。[源于生活]

的关系，还有助于提高幼儿对身边人的关注度。

基于此，我们计划在幼儿原有经验的基础上，将生活中常见的职业和人物看作宝贵的课程资源，开展集体教学活动“感恩我身边的您”，引导幼儿关心周围人，真实感受这些人的工作与自己的关系，并且知道他们都是我们需要的人，我们都应该感谢他们、尊重他们。

基于幼儿当前的“真问题”，确定在当前生活背景下的学习需要。[源于生活、基于生活]

◆以集体教学形式开展活动的价值辨析

一、有助于幼儿整体梳理、提升现有的经验。幼儿对身边人的认知并不是完全空白的。他们知道身边有不同行业的人，初步了解了身边人工作的辛苦等。然而，他们当前的经验还较零散，且在日常生活中不易主动地感受他人对自己的帮助。集体教学活动的形式将有助于幼儿进行反思与讨论；教师必要的归纳、提升等，能深化幼儿相关的认识和情感，使幼儿进一步了解身边人工作的辛苦，懂得感恩。

二、有助于教师运用有效的策略融合相关课程资源。相比于日常生活中的渗透，集体教学活动有助于针对性地对课程资源进行融合。教师可以用录像的形式把幼儿园工作人员的工作情景融进活动，邀请保健医生、厨师、保安直接参与活动，使抽象的社会性教育内容变成具体的生活情景。

三、有助于发挥资源互补的独特优势，深化幼儿的社会情感。集体教学活动中教师可以邀请幼儿园工作人员加入活动，引导幼儿面对面与他们交流互动，深化幼儿对身边人的认知与情感。

◆活动设计/过程

【活动目标】

·初步了解幼儿园保健医生、厨师、保安等的日常工作，积极参与“身边人的工作”相关话题的讨论。

·感受身边人为自己做了许多有意义的事，体谅他们的不易，由衷感恩并表达感恩。

呼应了前期活动和幼儿的发展需要。[源于生活、基

于生活、回归生活]

【活动准备】

·材料准备：幼儿园工作人员工作录像及照片；幼儿园周围的店铺及工作人员的照片，幼儿园周围工作人员工作的录像。

·资源利用：事先与保健医生、厨师、保安取得联系，邀请他们。

将人力资源转换为教学资源。[基于生活]

【活动过程】

一、照片导入。

教师：今天我带来很多照片，看看，是谁的照片？谁知道他们每天在做什么？

从幼儿熟悉的身边人切入，唤起幼儿的相关经验，激发幼儿参与活动的兴趣。[源于生活、基于生活]

图 3-5-1

小结：老师、保育员的工作很重要，我们需要她们。除了老师、保育员外，我们幼儿园里还有其他工作人员哦。

二、现场互动，了解我们周围的人。

（一）出示幼儿园其他工作人员的照片。

教师：幼儿园还有很多关心、爱护我们的人，你们认识吗？

幼儿1：保健医生。

幼儿2：厨师、保安叔叔。

（二）请有关人员进班级，鼓励幼儿和保健医生、厨师、保安互动交流。

1. 请保健医生、厨师、保安自我介绍，师幼共同欢迎。

图 3-5-2

2. 鼓励幼儿大胆提出自己感兴趣的问题，请保健医生、厨师、保安回答并解释。

幼儿1：叔叔，你是几点上班的？

保安：我每天早上7点准时上班。

幼儿1：叔叔这么早就来上班了，为什么晚上还要上班呢？晚上不睡觉会不会很累？

保安：我不怕累，因为我们要保护幼儿园的财产和小朋友们的安全，要防火、防盗、防破坏。

幼儿2：保健医生几点上班？

保健医生：我们7点半上班。

幼儿2：为什么每天要给小朋友晨检？

保健医生：晨检是要看小朋友的健康情况，还要检查你们有没有带危险的小物品到幼儿园，比如小珠子。

幼儿3：厨师几点上班？

厨师：准时7点到幼儿园。

幼儿3：为什么你也要这么早来幼儿园？我7点还在睡觉呢。

厨师：因为要准备餐点给小朋友们吃。

教师：我们幼儿园的工作人员每天都要很早到幼儿园，在小朋友来园前就要做好准备工作，迎接你们的到来。他们辛不辛苦呀？

众幼儿：谢谢保健医生！谢谢厨师！谢谢保安叔叔！你们辛苦了！

3. 引导幼儿交流后和保健医生、厨师、保安互道“再见”。

4. 组织幼儿说说和保健医生、厨师、保安谈话后的体会。

教师：了解了保健医生、厨师、保安的工作，你们有什么感受？如果没有他们，我们会怎么样？

小结：保健医生、厨师、保安的工作都很重要，他们都是幼儿园里非常重要的工作人员，我们需要他们。

三、经验拓展，认识幼儿园周围的人。

（一）播放幼儿园周围店铺及工作人员的照片。

拓展有关身边人的范围，拓展幼儿的相关经验。[基于生活]

教师：我们幼儿园周围还有很多地方，你们发现了吗？

幼儿：永辉超市、思明电影院。

（二）引导幼儿分组找出与店铺场景图片相对应的工作人员照片，进行配对。

教师：我们生活中还有哪些为大家服务的人？我们再来看一看。

四、再现生活，深切感受周围的人。

播放幼儿园周围工作人员工作时的录像。

帮助幼儿走进生活，丰富社会经验。[基于生活]

镜头一：清洁员早出晚归，将街道打扫得干

图 3-5-3

净整洁。

镜头二：外卖员风雨无阻，骑着车将美食送到小区里。

图 3-5-4

镜头三：消防员身穿防火服，拿着水枪，穿梭在火场中。

教师：你们看到这些画面后，有什么话想对他们说？除了说感谢话外，还想为他们做点什么事吗？

幼儿 1：我看见清洁叔叔很早出门扫地，所以我们不能乱丢垃圾，这样城市才会更美丽。

幼儿2：消防员好勇敢，我长大以后也想当消防员。

小结：原来我们周围还有各种各样的工作人员。他们的辛勤工作让我们的生活更幸福、更美好。我们都离不开他们，所以要珍惜他们的劳动成果。

【活动延伸】

· 区域活动：鼓励幼儿制作“感恩卡”，用自己的方式去表达对身边人的感谢。

迁移幼儿相关经验，在现实生活中运用。［基于生活、回归生活］

◆反思与推进

一、幼儿的学习与发展

（一）通过与幼儿园工作人员的互动，幼儿开阔了视野，萌发了探索生活中与自己相关的各种职业人群特点的兴趣。

（二）幼儿建立了身边不同职业的人与自身关系的认识，深化了对不同职业的认识，萌发了初步的职业梦想，进一步关注、感恩身边人。

二、活动亮点

活动贴合幼儿的生活经验和实际需要，具有层次性。活动的四个环节呈递进关系，从身边熟悉的人物出发，逐步推进，使幼儿的社会认知不断深化。

三、活动后续

活动后，幼儿兴奋地跑过来跟教师说：“老师，我以后长大了想要当保安叔叔！”教师惊讶地问他：“为什么不是当警察叔叔，而是保安叔叔呢?”幼儿说：“我觉得保安叔叔很厉害呀，他们身上带着武器，白天、夜晚都在保护我们。”教师将这件事分享给身边的同事，大家都说幼儿每天总能给我们带来惊奇有趣的事，毫无保留地公开表露情感和想法。他们不会像成人那样忌讳世俗的眼光。在幼儿的眼里，不仅警察叔叔、消防员叔叔是他们崇拜与敬爱的对象，身边这些兢兢业业的保安叔叔也是他们的尊重与喜欢的人。

排好队，一个接一个

厦门市思明区思明幼儿园　刘小青　李雅慧

◆活动缘起

一个凉爽的下午，教师带着幼儿到户外活动。教师说明了户外运动的游戏规则及安全事项后，幼儿便分散于操场的各处活动。不久，滑梯上就出现了问题。只见一个幼儿突然跑上楼梯，随即七八个幼儿立刻着急地跟着往上跑。他们站在滑梯入口处你推我挤、互不相让，并叫喊着：“是我先来的！”教师发现情况后，急忙跑到滑梯前，说：“大家要好好排队哦！不要推挤，要不然会摔倒的！”教师说了几遍，但没人听劝。教师只好走上楼梯，来到滑梯入口处，把这一群正在推挤争抢的幼儿拉开。在教师的制止下，幼儿才安静下来，排好队，开始滑滑梯。（参见图 3-6-1）

缘起于对生活中幼儿行为的观察。[源于生活]

图 3-6-1

活动后，教师询问幼儿："刚才你们在滑梯上遇到了什么问题吗？"幼儿看着教师，似乎没有人记得刚才在滑梯上发生的那一幕。教师又问："玩滑梯的小朋友们遇到问题了吗？"这时多多突然说："噢，玩滑梯时，大家挤在入口，没办法玩。"教师紧接着问："那你们发现人多拥挤，要怎么办？"幼儿异口同声地回答："要排队！""那你们知道要排队，为什么刚才还在滑梯上相互推挤呢？活动前老师还提醒你们排队时不推挤，要相互礼让！"教师严肃地说。幼儿一听，连忙解释："我们排队了，但大家排队时都往前挤。""我排到第一，准备滑下去时，后面的小朋友一直推我！""我们想快点玩滑梯，所以才没有排好队。老师，我们下次再也不会这样了。"……

中班上学期，幼儿已经建立了初步的规则意识，懂得在幼儿园生活中要遵守规则，例如排队洗手、排队喝水、排队依次玩玩具等。一般情况下，幼儿都会排队，但遇到突发情况时往往会忘记排队。这与幼儿的规则意识尚不成熟有一定的关系，也与幼儿当前的自我管理能力、判断能力、交往沟通能力不足等有一定的关系。

对幼儿行为所反映的问题进行反思。[源于生活]

教师也对自己的言行进行了反思，发现自己在日常规则问题上，往往是当问题发生时才进行制止，这种反复、机械的强调似乎很难让幼儿真正理解和内化规则，难以让幼儿自觉形成规则意识。

教师反思之前教育行为的不足。[源于生活]

对于当前班级的幼儿来说，要在日常生活中特别在突发状况或情绪激动时能够自觉遵守规则，还需要教师积极正面地引导。教师决定抓住契机，引导幼儿清晰表达自己的愿望与想法，并学会协商，丰富幼儿社会性行为的体验；让幼儿感受生活时时处处都需要规则，排队能够让生活更便捷、更安全、更有秩序。于是，"排好队，一个接一个"的活动应运而生。

◆以集体教学形式开展活动的价值辨析

一、有针对性地聚焦共性的问题，能满足幼儿可持续发展的需要。幼儿社交能力的发展需要经验的丰富，有些问题可以由幼儿自己解决，有些问题确实需要教师引领。排队问题是幼儿园里老生常谈的问题，不是幼儿完全欠缺的能力，但从幼儿现有的经验和认知看，他们在常态情境中能自觉排队，但在突发状况或一些情境中却难以迁移、应用已有经验。同时，排队问题不仅与幼儿规则意识有关，还涉及幼儿的安全保障。因此，我们觉得有必要有针对性地强化幼儿的排队意识。

二、集体教学活动中综合运用多元的教学方法和手段，能巩固和发展幼儿的规则意识。教师可以采用多元化的教学方法，如提供幼儿在园排队的录像、幼儿生活中熟悉的排队场景照片及设置情境问题，激发幼儿内在的积极性，反思自身的排队行为。此外，教师还可以罗列并梳理排队的方法，加强对幼儿具体排队行为的指导，引导他们注意规则，克服困难，控制自己的行为，形成良好的规则意识。

◆活动设计/过程

【活动目标】

· 知道有些活动需要排队，理解一些突发情况下更需要遵守排队规则，了解排队有先后、有等待。

呼应所观察到的幼儿发展需要，且呼应幼儿生活。[源于生活、回归生活]

· 了解排队的几种方法，愿意遵守各种排队规则。

· 感受排队使我们的生活更有秩序、更快捷。

【活动准备】

· 材料准备：两组幼儿玩滑梯的照片（有序

充分利用生活中真实情

排队玩滑梯与无序拥挤玩滑梯的照片），幼儿在园上下楼梯的排队录像（有序排队上下楼梯与无序拥挤上下楼梯的录像），幼儿园户外运动时需排队的场景照片及录像，生活中人们排队的多张图片，电子白板。

境作为幼儿学习的材料。[源于生活、基于生活]

【活动过程】

一、再现情境，加强幼儿的排队意识（排队是一个接一个）。

（一）对比有序排队玩滑梯与无序拥挤玩滑梯的照片。

教师：这几天我看见小朋友玩滑梯时遇到了一些问题。请你们看看他们遇到了什么问题。

鼓励幼儿讨论照片中的内容。

小结：一个接一个排队，每个小朋友都会很快地玩滑梯；大家挤在一起，会耽误时间，后面的小朋友要等很久才能玩滑梯。

（二）播放有序排队上下楼梯与无序拥挤上下楼梯的录像。

1. 播放无序拥挤上下楼梯的录像。

教师：他们遇到了什么问题？

幼儿 1：下面的小朋友想上楼，上面的小朋友想下楼。

教师：怎么才能帮助他们解决问题呢？

幼儿 2：可以用“剪刀石头布”。

幼儿 3：用排队的方法。

2. 播放有序排队上下楼梯的录像（相向的两队幼儿都靠右排队，同时上下楼梯）。

小结：当大家一起做同一件事时，排好队就会很快、很安全地把事情做好。

二、结合经验，感知排队规则（需等待，有先后）。

（一）播放户外运动时的照片，引导幼儿回忆。

教师：幼儿园里还有哪些运动项目需要排队？要怎么做才能最快玩到它们？（幼儿们坐在座位上手指着屏幕上的照片，七嘴八舌地议论，可是具体到底该站在哪里排队、怎么排队，多数幼儿无法准确表达出来。于是教师打开了电子白板的“屏幕书写”功能，鼓励幼儿用画笔标注出他们认为的具体排队位置）

及时帮助幼儿迁移经验，解决现实中的问题。［基于生活、回归生活］

图 3-6-2

小结：一个跟着一个，排成一条直线，能让我们尽快运动起来。

（二）播放户外运动时的录像，引导幼儿讨论排队情况。

1. 播放录像（内容：大家排好队走独木桥，一个男孩玩完后又来到队伍前面，想要再走一遍）。

教师：他这样做对吗？他应该怎么做？

幼儿：不对，应该一个跟着一个，玩完后要重新排队。

2. 播放录像（内容：该男孩走完独木桥后到队伍的最后按序排队）。

教师：那他现在这样做，对了吗？应该排第几个？

幼儿：对了，他应该排在最后一个小朋友的后面。

图 3-6-3

小结：排在队伍前的人可以先玩，玩完后需排到队伍最后一个人的后面，这样才公平。

（三）讨论偶尔忘记排队的原因，引导幼儿表达与反思。

呼应“活动缘起”，实现幼儿经验和能力的突破。[源于生活、基于生活]

教师：虽然有时候我们会出现没有排好队的情况，但大多数情况下，大家还是很遵守排队规则的。小朋友们说说为什么有时候会忘记排队呢？

小结：大家越是着急或者兴奋的时候，越要提醒自己要主动排队。

三、拓展经验，了解几种排队的方法。

（一）分享自己平时排队的经验。

幼儿 1：一个跟着一个排队晨检。

幼儿 2：我们排成四队做操。

…………

（二）了解生活中排队的方法。

教师：我们一起来看看生活中的排队场景。

播放直线排队（地铁、超市等）、蛇形排队（公园、游乐场等）、叫号排队（美食街、商场等）的图片。

教师：这种排队像什么？在哪儿见过？

小结：排队让我们的生活更有秩序、更快捷。

四、巩固经验，提升规则意识。

（一）播放生活中人们秩序井然地排队的图片。

幼儿看着镜头，不时发出惊呼：“解放军叔叔排得真整齐呀！”“大家都在认真地排队。”“没有人插队。”……

图 3-6-4

（二）小结：排队就是一个接一个，不争抢，耐心等待。不管在园还是在其他地方，大家只要排好队，就能很快、很安全、很开心地把事情做好。排队让我们的生活更美好。

【活动延伸】

• 区域活动：观察、了解幼儿参与活动时是

支持幼儿有效迁移与应

否更懂得遵守规则、是否还存在问题；为班级活动中需要排队的地方设计一个排队标记，张贴在活动室的相应位置，如把“排队取水”标志贴在口杯橱上，提醒大家共同遵守秩序。

用经验。[回归生活]

◆反思与推进

一、幼儿的学习与发展

（一）幼儿通过观看图片和录像，能直观分辨是非，了解正确排队的方法。

（二）幼儿在已有经验的基础上拓展了有关正确排队的认知，建立了集体意识，有助于在后续的共同生活中相互监督、相互影响。

（三）幼儿通过分享自己平常排队的经验、讨论生活中排队的话题，丰富和拓展了自身经验。

（四）幼儿通过观看生活中人们秩序井然地排队的图片，巩固了愿意排队、遵守秩序的意识。

二、活动亮点

（一）活动目标从强调幼儿对排队的认知，拓展到幼儿对社会的认知。通过一环紧扣一环的师幼互动、幼幼互动，幼儿获得了经验与情感的提升，促进了社会性的发展，最终能主动运用已有的经验应对发生的问题，在解决问题的情境中建立起规则意识。

（二）活动不仅关注幼儿在园生活，还拓展到幼儿园外生活，支持幼儿在生活中自觉运用自己的经验。

三、活动后续

活动之后的户外运动时间，教师鼓励幼儿在运动前自己讨论、制订排队规则，并询问他们能否遵守。幼儿异口同声地说：“能。”教师站在一旁静静地观察幼儿，发现还有个别幼儿在运动中出现不守规则的现象。教师没有立即上前干预，因为班上总有几个“小精灵”会出来解决问题，让运动顺利、有序地进行。只听见婷婷说：“滑滑梯时从一数到十就要换别人，这样每个小朋友就能很快玩滑梯了。”楠楠说：“你们这样不遵守规则，我们不跟你们一起玩了。”佳佳说：“人多时排队，我们要等待。”由于规则是幼儿自己参与制订的，所以他们愿意接受。幼儿在彼此监督中，自觉地遵守规则，开始学会自主解决与他人的矛盾冲突、清晰表达自己的愿望。

有趣又有用的吆喝

厦门市思明区思明幼儿园　刘小青　伍巧玲

◆活动缘起

开展“老街美食”主题活动的过程中，幼儿提出到厦门中山路走走看看，尝尝小吃。于是我们带着幼儿来到中山路，逛各式各样的店铺。走着，走着，幼儿突然停下了脚步，驻足在苏小糖店铺前，目不转睛地盯着店门前正在吆喝的工作人员。吆喝声有普通话的、有闽南话的，诙谐逗趣，吸引了幼儿的注意。有的幼儿说角色游戏的时候也要试着吆喝。

几天后，在“老街美食区”的角色游戏中，工作人员和往常一样在各自的岗位上忙碌着……看到来往的顾客很少，停留在店门前的顾客更少，老板提醒推销员试着吆喝吆喝，招揽生意。若一是推销员，她有点害羞，不愿大声叫卖。老板抱怨：“你这样的话，我们店更没有人来了！”这时，在旁边制作“肉粽”的坤坤听了老板的话后，立马起身走到货架前，开始大声叫卖：“好吃的粽子，快来买呀！”坤坤响亮的叫卖声引起了其他店铺工作人员的效仿，大家纷纷叫卖起来。然而，叫卖声引来的顾客依旧不多。

幼儿在中山路上经常能听见各种不同的吆喝声，有普通话的，有闽南方言的。幽默、容易识记的吆喝声引起了幼儿的兴趣。随着主题活动的推进，幼儿开始模仿吆喝。从他们的语言、行为

对幼儿生活事件中所反

中可以感受到，买卖时的吆喝似乎已经得到了他们的认可，并能进行初步的迁移应用。同时，他们的模仿较为表层，主要在于呼吁“让顾客来买”，没能发挥吆喝的社会性功能。这可能与幼儿对吆喝的特点、功能认知不足有一定关系，需要教师支持他们完成经验的突破。

映的问题和幼儿的需要进行分析，从而寻找课程的落脚点。[源于生活]

教师经过商议，决定开展“有趣又有用的吆喝”活动。这是一个综合活动，希望通过活动让幼儿进一步感知吆喝的特点及吆喝在买卖过程中的作用，并迁移到他们的游戏当中，在享受游戏的同时感受特定用语的有用和社会交往的快乐。

以幼儿当前的学习需要为基础确定活动的目标。[源于生活、回归生活]

◆以集体教学形式开展活动的价值辨析

一、有重点的分析与引导，能帮助幼儿突破认知与经验的瓶颈。基于幼儿当前的认知与经验水平，他们难以体验到吆喝的有用和乐趣。集体教学活动可集中针对幼儿目前的认知难点，采取适当的方法引导幼儿解决问题，从而支持幼儿更好地感受吆喝。

二、有助于幼儿大胆表达。由于幼儿对吆喝不熟悉或没有很好地掌握吆喝技能，所以个别幼儿不愿在游戏中尝试吆喝。为帮助幼儿建构吆喝经验，可以依托集体教学活动中集体学习、讨论的场域，还原相应的游戏情境，让幼儿直接感知、亲身实践去模仿吆喝，在轻松的游戏氛围中大胆地表现自己，实现尝试、练习，从而体验成功。

三、整合相关教育资源，能帮助幼儿深入认识吆喝。平日幼儿虽有关于购物的经验，但这些零散经验可能只停留于购买物品本身，并未关注到卖家的吆喝。因此，为了帮助幼儿整理、提升相关经验，可开展集体教学活动，整合幼儿熟悉的人、物、景等资源，帮助幼儿通过直观的学习建立更加全面、深入的认识。

◆活动设计/过程

【活动目标】

· *初步感受生活中吆喝形式的有趣以及吆喝*

的有用。

- 初步感知吆喝的特点，尝试基于游戏情境创编吆喝。
- 敢于分享所创编的吆喝，愿意在游戏情境中尝试吆喝，并体验吆喝应用在游戏中所带来的快乐。

将幼儿当前真实的需要作为目标。[源于生活、回归生活]

【活动准备】

- 经验准备：幼儿有到厦门中山路逛街、观察商贩买卖物品的经验。
- 材料准备：幼儿角色游戏录像片段，中山路店铺工作人员吆喝的录像，王老板店铺场景及闽南特色小吃店的烧肉粽、春卷等闽南特色小吃的照片。
- 环境创设：幼儿园内"老街美食区"店铺场景，包括"果缤纷""包子铺""烧肉粽""蚵仔煎""苏小糖"等摊位。

充分利用幼儿生活中的生活场景，同时也呼应前期经验，巧妙利用现成的资源。[基于生活]

图 3-7-1

【活动过程】

一、回忆观察，引发讨论。

教师：前几天老师拍下了一段美食区的录像，我们一起来看看。

播放幼儿角色游戏录像片段，师幼讨论。

以幼儿角色游戏录像片段导入活动，激发幼儿真实的情感体验和相关经验。[基于生活]

教师：怎么样才能招揽更多的顾客？小朋友们是怎么做的？

幼儿：可以叫服务员在门口叫喊。

教师：生活中我们能看到店员在店门口叫喊，这样的方式叫作吆喝。我们前几天在中山路就看到过。有的小朋友们很棒，在游戏中能试着使用吆喝的办法。

二、引导理解，尝试吆喝。

（一）播放中山路店铺具有代表性的吆喝录像，理解吆喝的形式与特点。

有目的性地精选生活中的相关课程资源。[基于生活]

教师：你们对哪家店铺的吆喝声印象最深？

幼儿：我听到了苏小糖店铺的店员说“买一送一，免费试吃，好吃再买，不好吃就别买”。

教师：听他说完这一句话后，感觉怎么样？

幼儿 1：我也想买了。

幼儿 2：很好玩。

幼儿 3：我还听到闽南话的吆喝声。

教师：你们感觉闽南话的吆喝声怎么样？觉得与其他店铺的吆喝有什么不一样？

图 3-7-2

幼儿4：烧肉粽的吆喝声听起来很有趣，很想知道他说了什么。

教师：你们觉得吆喝和我们平时说话有什么不一样的地方？

小结：吆喝听起来很响亮，很多时候会把声音拉得长长的。店员吆喝时能把商品的特点告诉顾客，吸引更多顾客来买。

（二）鼓励幼儿尝试吆喝。

1. 出示王老板店铺场景及烧肉粽、春卷等闽南特色小吃的照片，鼓励幼儿尝试用普通话、闽南话吆喝。

教师：王老板店铺的闽南特色小吃可好吃了，但年底店员回家了，没人帮他招揽生意。我们一起来帮帮他吧。

引导幼儿说出吆喝声的特点。（提示语：叫得响亮一点，把尾音拉得长一点会更好哦，谁来试一试？）

教师：春卷是我们闽南的特产，谁愿意用闽南话来吆喝？

2. 以图示的方式将幼儿不同的吆喝声记录成图标，帮助幼儿直观、形象地理解吆喝。

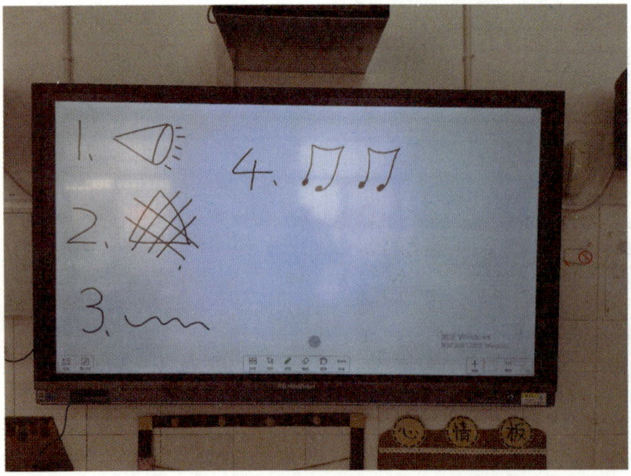

图 3-7-3

小结：原来吆喝有普通话的、有闽南话的。要吸引顾客的话就要把商品的外形特征等讲清楚，声音还要响亮，还必须要拉长尾音，或者加上“啊”“喽”等有趣的词，比如“卖蚵仔煎喽——”，这样买的人才会更多，生意才会好。

三、和幼儿一起到“老街美食区”，鼓励幼儿到喜欢的店铺讨论吆喝。

（一）介绍游戏规则。

教师：我们一起去“老街美食区”吧，小朋友们可以选择自己喜欢的店铺，和同伴一起讨论在这个店铺可以如何通过吆喝吸引客人。

（二）幼儿自由结伴选择店铺，分工讨论创编吆喝。

（三）各店铺工作人员轮流介绍自家店铺创编的吆喝。

（四）开展游戏，支持幼儿在游戏中应用吆喝的方式吸引客人。

将所习得的经验自然地应用到生活中。［基于生活、回归生活］

图 3-7-4

【活动延伸】

• 生活活动：开展半日“小小店员”活动，

实现经验在后续真实生

与厦门中山路的苏小糖店铺商家合作，带领幼儿参加半日“小小店员”活动，了解店铺工作人员的工作，实地体验吆喝。

活中的应用。[回归生活]

◆反思与推进

一、幼儿的学习与发展

（一）幼儿愿意更加大胆地尝试吆喝，建构关于吆喝的经验。

（二）幼儿用自己的方式创编形式多样的吆喝，提升游戏角色意识，提高参与游戏的积极性与创造性。

（三）幼儿在与同伴讨论、分享以及游戏中相互学习和共同进步，推动了游戏的发展，增进了同伴之间的友好交往。

二、活动亮点

（一）活动内容来源于幼儿生活，最终回归幼儿的学习与生活。

（二）教师综合运用了多种教学方法，帮助幼儿充分感受吆喝的有用和有趣。在教师的引导下，幼儿从简单的模仿到加入自己创意的实践：“果汁又香又甜，我们在吆喝的时候应该说出来，客人们听见了就会过来买。”“烧肉粽的闽南话我会说，我妈妈教过，‘卖烧肉粽喽——’。”“买一送一，买一串烧烤，我们再送一串烧烤，这样就会有好多人来买。”

（三）活动层次清晰，层层递进，最后自然过渡到游戏环节。幼儿掌握了吆喝的要领后，在后续游戏环节中讨论声、嬉笑声、吆喝声此起彼伏，气氛逐渐高涨。

三、活动后续

随后几天，“老街美食区”变得越来越热闹。游戏中，幼儿的角色意识有了进一步的加强，多数店铺传出了不同的吆喝声，热闹不已：“好吃又美味的烧烤，快来呀！”“走过路过不要错过，美味的橙汁！快来啊！”“快来呀，好吃的烧肉粽哟——”此外，店铺的工作人员更加团结合作，有的店员尝试用唱歌、跳舞的方式来吸引游客，还有的店员拿着“试吃盘”给顾客品尝……

和甘佰佰去游河

南平市建阳区实验幼儿园　熊芳芳　陆继淑

◆活动缘起

片段一：玩旋转滑梯是多数幼儿热衷的活动。刚开始时，幼儿能有序地从滑梯的楼梯走上去，再从滑梯上滑下来，并且知道滑梯游戏的规则。可是没玩多久，就有幼儿来报告：“老师，小哲从滑梯爬上去，还有睿睿也跟着他从滑梯爬上去。”教师立即走过去，要求小哲、睿睿从滑梯上下来，并询问了原因。小哲很不好意思地说：“我们下次不敢了，下次一定不会了。”

幼儿日常活动中的真实现象。[源于生活]

片段二：午餐时间到了，今天午餐有鸡肉，教师说：“小朋友们，今天的鸡肉里面有骨头，所以吃的时候要注意，有骨头就吐出来，放在自己旁边的盘子中，等吃完之后再倒进垃圾桶。”不一会儿，小宇说：“老师，小兴要把骨头放在我的碗里。”教师随着小宇手指的方向看去，小宇桌子上零散地放着骨头。几乎每张桌子上都有骨头，有的幼儿吃完饭之后才努力地将骨头拨到盘子里……

幼儿日常活动中的真实现象。[源于生活]

片段三：“老师，西西进来捣乱，这里已经满了，不可以再进来了。”听到凯凯的声音，教师急忙走过去。原来阅读区的思思和凯凯在安静地看书，西西也要进来看书，可是根据规则阅读区只能容纳两个人。凯凯劝说西西到其他有空余的地方去活动，但是西西不听，偏要进来。

幼儿日常活动中的真实现象。[源于生活]

以上三个片段，虽然有所不同，但都反映了幼儿日常生活行为中的规则意识问题。教师与幼儿进行了交谈。在交谈中，教师发现幼儿说得最多的是："我玩着玩着就忘记了，我知道这样做会有危险的。""我不是故意要犯错的，都是因为太想玩这个游戏了，我下次不敢了。""吃完要整理好自己的餐桌，这样看起来就不会脏。"……对于中班幼儿来说，由于受年龄特点的影响，他们的自觉性、自制力比较差，且情绪波动起伏较大，不能较好地控制自己的行为并使之服从一定的行为目的。班级幼儿的行为反映出了幼儿"知行不合一"的特点，知道某种行为是错误的，可是在行动中又不自觉地做出错误的行为。

对行为背后的原因进行分析，聚焦幼儿的真问题。[源于生活]

绘本《和甘伯伯去游河》从甘伯伯给大家提出要求，到大家忘了遵守规则，最后船翻了，因果关系明显，适合中班幼儿阅读。绘本故事中动物们的行为与当前幼儿在规则问题上偶尔"知行不合一"的现象有相似之处，开展阅读活动，有助于幼儿对相关问题进行反思和超越。绘本最后的情节，更值得教师和幼儿共同感受和学习，和气的甘伯伯不但没有责怪这些乘客，邀请了动物们去家里喝茶，并且提议过几天大家再来坐一次船。甘伯伯对动物们的宽容与关爱值得成人反思和借鉴。教师认为有必要通过绘本阅读，帮助幼儿更进一步地接纳规则，从而愿意遵守规则。

分析教学内容与当前幼儿学习发展需要的契合度。[源于生活、基于生活]

◆以集体教学形式开展活动的价值辨析

一、能有针对性地解决当前需要解决的问题。"知行不合一"是规则问题所衍生的一种常见问题，然而，要让幼儿了解知行合一却并不容易。绘本《和甘伯伯去游河》中动物们"知行不合一"的行为能引发幼儿的思考。集体教学活动可以唤起幼儿的共鸣，帮助幼儿改善"知行不合一"的行为。同时，绘本中甘伯伯对大家的关爱和宽容，能潜移默化地感染幼儿，让幼儿在爱的感悟中成长。

二、集体教学活动的方式能创设分享感受、共商问题的情境。有关规则的问题在生活中常见，每个幼儿对有关规则的问题有着独特的感受和经验。集体教学活动有助于幼儿将相关感受和经验进行分享和讨论，实现相互学习、相互帮助、相互鼓励的效果。

◆活动设计/过程

【活动目标】

· 感知绘本的故事情节，理解不同动物与甘伯伯的约定。

· 尝试迁移生活现象和相关体验，理解遵守规则的重要性。

呼应了幼儿前期真实生活中的问题。[源于生活、回归生活]

· 感受甘伯伯在游河中对动物们的关爱和宽容。

【活动准备】

· 经验准备：幼儿初步了解绘本中动物的基本特点。

· 材料准备：电子书《和甘伯伯去游河》，音乐，绘本人手一本，个别家长提供的亲子游河的照片。

【活动过程】

一、观察封面，激发幼儿参与活动的兴趣。

（一）出示绘本《和甘伯伯去游河》的封面，讨论封面及游河的相关经验。（出示由家长提供的亲子游河的照片）

链接幼儿的生活，唤起幼儿的相关经验，强化幼儿参与活动的兴趣。[源于生活、基于生活]

（二）讨论游河的安全注意事项。

二、师幼共读绘本第 1～7 页，了解甘伯伯与动物的对话。

（一）与幼儿共同讲述故事开始部分，让幼儿了解甘伯伯如何提要求。

（二）播放电子书甘伯伯遇见小朋友的画面，并提问：甘伯伯游河时遇见了谁？（小朋友）小朋友想跟甘伯伯去游河，会对甘伯伯提出什么请求呢？（我们跟你去好不好）甘伯伯提出了什么要求？（好是好，只要你们不吵闹）

根据幼儿的回答，完整地说出原文内容，引导幼儿对下一个乘船的动物提出要求。

（三）播放电子书甘伯伯遇见小兔的画面，并提问：甘伯伯又遇见了谁？（小兔）甘伯伯会对小兔提出什么要求？（行是行，但是你不能乱蹦跳）甘伯伯为什么要对小兔提出"不能乱蹦跳"的要求？（鼓励幼儿思考动物特征与翻船的关系）

三、幼儿自主阅读绘本（夹住绘本翻船后的三页）。

过渡语：接下来还有哪些动物跟甘伯伯去游河呢？请小朋友们自己阅读。（引导幼儿自主猜想，激发幼儿自主阅读的兴趣）

（一）自主阅读的要求：安静阅读，并知道一页一页地翻书；仔细观察画面，了解小兔上船后还有哪些动物上船；想一想甘伯伯会提出什么要求。

（二）幼儿自主阅读。教师巡回指导，关注幼儿阅读的习惯，观察幼儿对动物们上船后动作画面的解读，针对幼儿不理解的画面进行个别指导。

四、鼓励幼儿大胆讲述甘伯伯的要求，讨论规则问题，鼓励幼儿迁移生活经验，思考自己平时的行为。

（一）结合电子书，逐一说出有哪些动物上船。

提问：如果你是甘伯伯，你会对他们提什么要求？（鼓励幼儿根据动物的特点，大胆说出对动物乘船的要求）

（二）根据幼儿回答的情况，运用图谱，梳理甘伯伯对动物的要求。

（三）讨论故事中的翻船现象，引导幼儿发现动物“知行不合一”（答应了却没有做到，违反了规则）的问题。

（四）引导幼儿迁移生活经验，大胆表达自己生活中的行为。

链接幼儿生活的经验，促使幼儿思考自身的行为。[基于生活、回归生活]

提问：动物们违反了乘船的规则，他们上船之前有没有答应甘伯伯要遵守规则呢？我们小朋友平时有没有出现过像动物们一样的行为呢？为什么会这样呢？（鼓励幼儿结合自己在园一日生活的情况，说说自己的哪些行为应该遵守规则但自己没做到、为什么）

五、师幼共读绘本最后三页，感受甘伯伯的宽容。

（一）师幼共读动物们上岸的页面，观察图片后交流讨论。

提问：动物们上岸后，你们觉得他们的心情是怎样的？你们猜甘伯伯会怎样？我们一起看看甘伯伯是怎么做的。

（二）师幼共读绘本最后两页，观察图片后交流讨论：甘伯伯责怪这些动物了吗？甘伯伯没有批评动物是因为他们没有犯错吗？那是因为什么呢？如果你是小兔（或小羊等），你会说什么？

（三）小结：我相信甘伯伯还会带动物们一起游河，因为动物们不会让善良的甘伯伯失望，也懂得了只有遵守规则才可以更好地保护自己。

六、完整共读绘本，感受故事的有趣和温馨。

【活动延伸】

·区域活动：在美工区引导幼儿自制小书《我和甘伯伯去游河》；在语言区投放各种动物玩偶（含故事中的角色）、各种立体或平面的场景等讲述故事的材料，鼓励幼儿共同讲述、创编他们和甘伯伯的故事。

持续满足幼儿的相关兴趣，并在后续生活中不断实现经验的应用。[基于生活、回归生活]

图 3-8-1

·家园共育：让幼儿在家中和爸爸妈妈一起制订“我们的约定”规则表，并请家长督促幼儿坚持履行。

◆反思与推进

一、幼儿的学习与发展

（一）幼儿基于观察和猜想，敢于在同伴面前大胆地讲述自己对画面的理解。

（二）幼儿理解了结局处潜藏的温情，提升了共情能力。

（三）幼儿在了解规则的重要性的基础上，迁移经验，知道遵守规则的必要性。

二、活动亮点

活动将绘本阅读与幼儿“知行不合一”的问题联系起来，通过引导幼儿阅读、感受、讨论、反思等，既有效地帮助幼儿理解了绘本的内容，又有助于支持幼儿提升规则意识、遵守规则的能力。

三、活动后续

新冠疫情期间，教师利用网络平台鼓励幼儿和父母共读、共演《和甘伯伯去游河》。当幼儿在特殊的时期以亲子阅读的方式再次阅读故事时，绘本传递的规则意识在幼儿的超长假期里得到了强化。甘伯伯的爱与宽容似乎也在潜移默化地感染着家长。幼儿在家长的陪伴下知道了疫情期间如何养成良好的卫生习惯、如何安排好自己的假期生活等，让无形的规则以爱的方式落实在幼儿生活中。

交通标志

南平市建阳区实验幼儿园　林　琴　徐惠敏

◆活动缘起

建阳城区为改善市容市貌，许多路段重新拓宽，多处设置了路障。近期，教师常常听到幼儿聊出行。佳佳说："今天我和妈妈骑车到童游桥时，交警叔叔把我们拦下，告诉我们桥正在维修，要我们根据交通标志的指示走。"涵熠说："我看到西桥新村的路口有红色标志，上面画着一辆车还打了一个大大的'×'。"其他幼儿也谈论起来："我也看到了，但是不认识那个标志。""那是禁止通行的标志。"……幼儿关注到了城区增设的交通标志，一些不熟识的交通标志给他们带来了困惑。

基于当前生活环境的变化。[源于生活]

幼儿生活中遇到的问题。[源于生活]

为了更充分地了解幼儿当前的真正需要，搭建有必要的支架，我们对幼儿的已有经验和困惑进行了调查。我们鼓励幼儿在家长的帮助下展开交通标志大调查，希望他们通过观察、询问、记录等方式了解更多的交通标志，如马路上的交通标志、小区里的交通标志等，知道不同的交通标志的颜色和形状不一样等。其次，教师开展了随机的个别性谈话，引导幼儿讨论交通标志是由什么组成的、表示什么意思以及交通标志有什么作用、生活中是否要遵守交通规则等。

通过前期活动，我们发现幼儿对交通标志的认识存在的共性问题：一是幼儿能够理解部分直观的交通标志，但仍有一些交通标志他们无法理解；二是幼儿对交通标志与实际交通行为关系的认知有待进一步明晰。

对幼儿当下的经验与困惑进行分析。[源于生活]

交通标志是我们日常生活中常见的符号，它对人们的一些交通行为起着禁止、规范、指示的作用。在幼儿兴趣高且存在一定困惑的当下，与幼儿一起系统性地认识交通标志是促进幼儿学习与发展的"重要契机"。《指南》语言领域目标中指出中班幼儿"对生活中常见的标志、符号感兴趣，知道它们表示一定的意义"。《指南》在语言领域的"教育建议"中明确指出教师应"引导幼儿体会标志、文字符号的用途"。对于幼儿来说，标志简单、直观、容易理解，也便于记忆。

对幼儿当前真正所需要的支持做出判断。[源于生活]

图书《交通标志》按照类别来介绍交通标志，有助于中班幼儿获取更加清晰和网络化的经验。

教师拟通过开展阅读《交通标志》的活动，引导幼儿在已有经验的基础上进一步了解交通标志的类型、特征和含义，同时也培养幼儿在生活中主动关注交通标志、遵守交通规则，提升安全意识。

◆以集体教学形式开展活动的价值辨析

一、有助于幼儿获取更加清晰和系统的经验。在与幼儿的交流中，教师发现幼儿对理解常见交通标志的特征和含义具有共性的需求。当前幼儿有关交通标志的认知比较零散，借助图书阅读的集体教学活动有助于幼儿建立更加清晰和系统的经验。

二、能实现同伴间的有效互动，支持幼儿与同伴形成学习共同体。集体教学活动中的交流互动和经验分享，都能成为学习资源，能有针对性地引导幼儿主动关注交通标志、提升安全意识。

◆活动设计/过程

【活动目标】

·认识常见的交通标志，初步了解常见交通标志的特征和含义。

·愿意和同伴讨论图书的内容，尝试链接生活经验。

·愿意在生活中主动关注交通标志，懂得要遵守交通规则。

关注“活动缘起”问题的解决以及新经验的现实意义。[源于生活、回归生活]

【活动准备】

·经验准备：幼儿关注近期城区多条主干道的修路情况，寻找生活中的交通标志，初步了解常见交通标志的形状、颜色、组成及作用。

·材料准备：《交通标志》大书一本和小书若干，图书中“指示标志”的单幅画面四张，画架四个，标志小图片若干，课件，交警的录音。

·环境创设：创设马路场景，提供舒适、安静的阅读环境。

图 3-9-1

【活动过程】

一、创设马路情境，引导幼儿亲身体验，调动幼儿参与活动的兴趣。

教师：前面有一条马路，我们当小司机到马路上看看吧。

用熟悉的生活情境唤醒幼儿的相关经验和情感体验。[基于生活]

图 3-9-2

教师：你们在马路上开车遇到了什么问题？怎么解决问题的呢？是的，刚才大家在当小司机的时候发现路上很多车，还发生了碰车。生活中，为了预防交通事故，路边常有什么？（交通标志）小朋友们前段时间特意去寻找了常见的交通标志，认识了许多交通标志，今天老师带来了一本书，它的名字就是“交通标志”，我们来看看书里有哪些标志。

二、阅读图书，初步了解常见交通标志的特征和含义。

（一）集体阅读图书封面，了解“注意行人标志”的特征和含义。

教师：马路上有个交通标志，它的颜色、形状和图案是怎样的？这个标志用来提醒谁？表示什么意思？

教师：这是注意行人标志，提醒行人和司机注意前方是行人通道。

（二）幼儿自主阅读小书，教师观察指导。

1. 关注幼儿自主阅读时难以理解那些页面信息。

2. 鼓励幼儿主动提问，运用同伴启发的方式，共同梳理交通标志表示的含义。

同伴间所见所闻的分享成为一种资源。［基于生活］

教师：书里有哪个标志是你看不懂的？（引导幼儿说出第几页的标志及标志在页面上的位置）

教师：谁来介绍你是怎样看懂这个标志的？它的颜色、形状和图案是什么样子的？它表示什么意思？如果没看这些标志会有什么危险？

依次请幼儿回答，鼓励幼儿联系生活，大胆说出自己的想法。

基于生活经验的知识建构。［基于生活、回归生活］

（三）引导幼儿分小组阅读、讨论单幅画面，尝试用连贯的语言来介绍小组讨论的结果。

1. 小组阅读单幅画面，通过协商、讨论的形式，选择合适的标志。

教师：警察叔叔想请你们当交通协管员，这里有四块板，这四块板代表四个地方。你们仔细观察这些地方可能存在着哪些安全隐患、需要怎样的标志提醒人们。

2. 幼儿分组协商、讨论，小组代表轮流介绍本组选择交通标志的理由。

教师：哪一组的代表来说说你们选择的交通标志？为什么选这个交通标志？

3. 播放交警的录音，了解交通标志的含义。

教师：我们一起来听听警察叔叔是怎么说的。（验证幼儿的想法）

三、迁移经验，判断生活中人们出行的行为。

运用新经验判断生活中相关现象的对错，进一步提升安全意识。［基于生活、回归生活］

（一）播放课件中违规行为与正确行为的图片，请幼儿仔细观察。

（二）引导幼儿大胆表达对图片的理解，分享他们在生活中的经历或所见所闻，并说出错误的行为会带来哪些安全隐患，提升幼儿的安全意识。

（三）讨论可以用什么交通标志来解决问题，鼓励幼儿适当进行创新。

四、活动小结。

小结：今天我们认识了许多交通标志，也知道这些交通标志给我们的出行带来了便利。生活中还有很多交通标志，希望你们在马路上多关注交通标志，做一个遵守交通规则的小朋友。

【活动延伸】

- 区域活动：在阅读区投放图书《交通标

志》，供幼儿继续阅读；在美工区提供制作交通标志的材料，鼓励幼儿根据幼儿园大门前的通行情况设计交通标志或为幼儿园的公共通道设置交通标志。

支持幼儿将新经验运用于实际生活的问题解决中。[基于生活、回归生活]

·生活活动：日常生活中开展“小交警”游戏，进一步深化幼儿的新经验。

在幼儿后续生活中继续学习、深化经验。[基于生活、回归生活]

图 3-9-3

·家园共育：向家长了解近期幼儿对交通标志的认知情况是否有改变、是否更遵守交通规则、是否还存在问题等。

◆反思与推进

一、幼儿的学习与发展

（一）幼儿喜欢和同伴讨论图书的内容，理解了常见交通标志的特征和含义。

（二）幼儿在小组合作中感受协商和讨论带来的愉悦，能结合实际生活表达对交通标志的认识。

（三）幼儿愿意在生活中主动关注交通标志，懂得要遵守交通规则。

二、活动亮点

（一）导入环节，教师为幼儿创设与日常生活贴近的马路情境，并通过“小司机”游戏发现问题（缺少交通标志造成拥挤、碰车等事故），引导幼儿初步了解交通标志的作用。

（二）多种阅读方式相结合，有效解决了活动的重难点。教师根据活动的需要，提供幼儿园附近工地、刚修好的隧道、西区专用道路标志等图片和幼儿一起讨论。幼儿在联系实际生活后更加明确交通标志的含义，成功突破活动的难点。

三、活动后续

活动后，幼儿为园内公共通道设置了交通标志。这些标志放在公共通道发挥作用了吗？是否有需要改进的地方呢？接下来，教师与幼儿商量在每天早晚家长接送的时间段安排观察员站在各个通道口观察和记录公共通道标志的使用情况，并展开交流和讨论，对需要增添或改进的标志进行调整。

花样馒头真好吃

福建省实验幼儿园　王海霞

◆活动缘起

馒头是常见食品。食用馒头，不仅有利于幼儿营养均衡，更有利于幼儿肠胃健康。幼儿园每周会安排一到两次以馒头或包子等面食作为主食的午餐。

教师发现多数幼儿对馒头并不喜爱：有的幼儿不愿意吃馒头，每到午餐的主食是馒头、包子的时候总是想尽办法不吃；有的幼儿把馒头悄悄丢到卫生间的垃圾桶里；有的幼儿把馒头咬一半就塞给旁边的同伴；有的幼儿和保育员讨价还价，然后挑最小的馒头；有的幼儿在吃包子的时候只吃里面的馅，把皮丢掉……为了解决幼儿不爱吃馒头这一问题，教师开展了相关的活动：在美工区中鼓励幼儿用超轻黏土做馒头、包子、面条等

多数幼儿所遇到的问题，且对幼儿的发展有意义。[源于生活、基于生活]

食物，并将做好的食物投放在角色区作为游戏材料；在阅读区投放绘本《馒头和包子》；开展健康领域集体教学活动“我不挑食”“合理配餐”等；每日进餐前和进餐过程中鼓励幼儿不挑食，允许幼儿不喜欢吃的东西可以少吃点；等等。教师希望通过这些活动解决幼儿不爱吃面食的问题。

一段时间之后，班级幼儿不爱吃面食的状况有所改善：多数幼儿在认识层面上知道合理配餐、不挑食的重要性，也初步了解了面食的营养价值；全班幼儿在进餐时知道如果不想吃馒头可以少吃一些，不丢馒头、不藏馒头。排斥面食的幼儿在行为层面上依然需要教师的提醒、引导，未能发自内心地喜欢面食、主动吃馒头。

国庆前夕的一次美工区活动中，幼儿一起为“祖国妈妈”制作生日蛋糕。活动前师幼一起欣赏了多种造型的蛋糕。幼儿看到那些精美的蛋糕时忍不住地发出“哇”“真漂亮”“好好吃”等赞叹声，表现出喜欢、渴望的样子。区域活动中，幼儿一边满心欢喜地设计、制作蛋糕，一边说着自己生日的时候妈妈买了什么样的蛋糕、蛋糕的造型是什么样的、自己最喜欢吃什么样子的蛋糕……

生活中给予幼儿愉快体验的、美的事物更能引起幼儿的兴趣和情感的共鸣。[源于生活]

幼儿的言行引起了教师的思考：首先，之前开展的活动以教师引导为主，教师主要是引导幼儿了解吃面食的好处，幼儿缺乏情感上的体验，未能从根本上产生对面食的兴趣。其次，教师一直期望通过改变幼儿对食物营养的认知来改变进餐的态度，忽略了幼儿的年龄特点；未能从他们不喜欢的馒头入手，通过改变馒头的样式，让馒头变得更有趣、更吸引人，从而让幼儿慢慢爱上面食，就像喜欢吃精美的蛋糕一样。最后，进餐环节整体的氛围会给幼儿一定的压力，特别是在吃

反思前期的活动效果，进而对接下来的学习需要进行细化分析。[基于生活]

馒头的时候教师过于"唠叨"营养均衡、合理配餐等，未能让幼儿在轻松愉快的氛围下主动进餐。

基于以上的思考，教师决定开展"花样馒头真好吃"活动，引导幼儿制作花样馒头，进一步增进幼儿对馒头的喜爱：一是主动参与，让幼儿自己和面、发面、制作馒头，通过亲身体验制作过程和捏制各种造型的馒头，体验制作馒头的好玩、有趣，对自己制作的馒头充满期待；二是审美愉悦，改变单一的馒头造型、颜色，让馒头也"美"起来，从视觉上唤起幼儿吃馒头的欲望，从而让幼儿慢慢爱上馒头；三是缓和气氛，在进餐过程中不再一味地强调馒头的营养价值，为幼儿创造一个宽松愉悦的进餐环境，从而激发幼儿对馒头的兴趣。

基于当前幼儿不爱吃馒头的问题，以幼儿学习的一般特征确定活动的形式和意义。［源于生活、基于生活］

◆以集体教学形式开展活动的价值辨析

一、满足幼儿想动手制作创意馒头需求的同时，引导幼儿体验参与集体教学活动的乐趣。通过前期讨论的铺垫，幼儿对制作花样馒头充满了期待。本次活动的开展，是全体幼儿的共同期盼。

二、提高幼儿对生活中美的感悟力，有助于激发幼儿对馒头的兴趣。集体教学活动能让幼儿共同欣赏馒头、亲身体验制作过程、欣赏并品尝自己制作的馒头，也是幼儿动手操作、尽情体验、大胆表现的过程。幼儿在教师的引导下可以提升生活审美经验，增加对馒头的好感，从而愿意吃馒头。

三、有助于幼儿在相互欣赏、互动中获得更多的创意灵感。幼儿的创作常常从模仿开始。在集体教学活动中，幼儿有更多的机会观察、欣赏他人的作品，在与教师、同伴的互动中获取灵感，从而涌现出更多的创意。

◆活动设计/过程

【活动目标】

· 欣赏多样造型的馒头，发现、感受生活中的美。

• 大胆想象，迁移已有经验，制作多种造型的馒头。

• 体验与同伴共同制作馒头的乐趣，更加愿意品尝馒头，感受并表达对馒头的喜爱。

呼应前期活动，针对幼儿发展的需要。[源于生活、基于生活]

【活动准备】

• 经验准备：幼儿欣赏过一些花样馒头的图片，已初步了解馒头的制作方法。

• 材料准备：花样馒头的图片若干，事先请幼儿园厨师帮忙发酵好的普通面团、紫薯面团、南瓜面团，刀具、蒸锅等厨房用具。

• 活动场地：幼儿园厨房。

合理利用现成的资源，在幼儿园厨房采用真实的食材、工具，有助于调动幼儿参与制作的欲望，同时有利于活动的顺利推进。[基于生活]

【活动过程】

一、谈话、欣赏，唤起幼儿的已有经验，激发幼儿的创意灵感。

（一）谈话：回忆馒头的制作过程。

教师：昨天我们一起欣赏了花朵造型和蝴蝶造型的馒头，还记得是怎么做的吗？

幼儿1：记得，用两种颜色包起来，然后压扁，再切一下，就行了。

幼儿2：要切对称。

教师：除了制作花朵造型、蝴蝶造型的馒头，还可以做什么造型的馒头呢？我们一起看看面点师做了哪些有趣的馒头。

（二）欣赏花样馒头的图片，鼓励幼儿大胆创新。

教师：你喜欢这样的馒头吗？这些馒头和平时你们吃的馒头有什么不一样？想不想尝尝这样的馒头呢？为什么？

呼应“活动缘起”中的问题，唤醒幼儿真实的情感体验。[源于生活、基于生活]

幼儿1：我喜欢玉米和蘑菇。

幼儿2：平时我们吃的馒头都是白色的，一块一块的。图片上的馒头有很多颜色，还变成了小动物，很好看，想吃这样的馒头。

幼儿3：这样的馒头肯定好吃，有很多味道，因为有不一样的颜色。

教师：大家在幼儿园吃的馒头是白白的、椭圆形的。图片上的馒头加入了不一样的颜色，还做成了各种各样的造型，看着就让人很有食欲。你们喜欢什么样的馒头？这些可爱、有趣的馒头是怎么做出来的？

幼儿1：我喜欢花朵造型的馒头和小鱼造型的馒头，可以像捏黏土那样做花朵，用我喜欢的颜色，还可以用工具压出花纹。

幼儿2：我喜欢蜜蜂造型的馒头，先做一个圆圆的头，然后加上眼睛、耳朵、嘴巴，还可以一边玩一边吃。

教师：一个圆圆的馒头，加上眼睛、嘴巴和耳朵就可以变成可爱的动物造型了。今天我们也来做馒头，你们想做什么样的馒头呢？

链接前期活动，调动幼儿的相关经验，强化幼儿参与活动的兴趣。[基于生活]

幼儿1：我想做兔子造型的馒头和小猫造型的馒头。

幼儿2：我想做恐龙造型的馒头。

教师：这很有挑战哦！你可以试试看，先想想怎么做。

幼儿3：我想做花朵造型的馒头，上面要有很多花朵。

教师：很不错的想法！你可以用不同的颜色做很多花朵造型的馒头，然后变成一座彩色的小花园，还可以邀请毛毛虫、小兔子它们一起到你的花园来玩。相信很多小朋友爱吃这样的馒头。

二、介绍工具、材料，请幼儿自由选择同伴共同制作。

（一）介绍材料及使用工具的注意事项（特别是刀具和卫生方面的要求）。

（二）根据幼儿制作的情况，给予适时、适当支持：支持幼儿迁移已有的泥工经验，从制作主题、造型上启发幼儿大胆想象，鼓励幼儿与同伴一起制作。

图 3-10-1

三、引导幼儿共同欣赏制作好的馒头，整理、清洗工具及桌面。

（一）介绍、欣赏馒头作品。

教师：先做好的小朋友可以向其他小朋友介

图 3-10-2

绍自己制作的是什么造型的馒头。

幼儿：我做的是小兔造型的馒头。我用紫色的面团做兔子头、用黄色的面团做眼睛和嘴巴。我是和严佳一起做的。

教师：你们喜欢哪个造型的馒头？为什么？（着重引导幼儿从造型上介绍自己的作品，欣赏他人的作品）

幼儿 1：我喜欢花朵造型的馒头。

幼儿 2：我觉得瑶瑶的蝴蝶造型馒头很漂亮。

幼儿 3：我本来做的是毛毛虫造型的馒头，但它们压在一起了，就变成了蝴蝶造型的馒头了。

教师：瑶瑶的毛毛虫破茧而出，变成漂亮的蝴蝶了。做馒头也可以像玩游戏一样好玩。小朋友们制作了多种造型的馒头。有的小朋友做的馒头是小动物造型，比如小猫、毛毛虫、蝴蝶、大恐龙，它们还在一起做游戏呢；有的小朋友做的馒头是花的造型，许多花朵摆在一起，好像一座小花园；有的小朋友做了爱心造型的馒头、汽车造型的馒头。老师看了都饿了，忍不住想快点蒸了吃呢！

（二）引导幼儿清洗、整理工具及桌面。

教师：我们把馒头先放入蒸锅。小朋友们先洗手、整理桌面，等待馒头出锅。

四、欣赏、品尝，分享感想，强化馒头的美味和营养价值。

直接欣赏、品尝作品，呼应了“活动缘起”，实现经验的突破，回归幼儿的生活。[基于生活、回归生活]

（一）引导幼儿欣赏并讨论蒸熟后的馒头，与同伴共同品尝并表达感想。

教师：蒸熟的馒头有什么变化？你喜欢哪个造型的馒头？吃起来感觉如何？

幼儿1：颜色变了，很好吃，我喜欢吃我自己做的馒头。

幼儿2：小兔子有点不像小兔子了，但我认得这个是我做的小兔子，很好吃。

教师：你喜欢吃吗？你觉得好吃吗？（重点与几个特别不爱吃馒头的幼儿互动）

幼儿3：好吃，甜甜的。

教师：还想再吃哪个馒头呢？

幼儿4：嗯，我也喜欢吃馒头，真好吃，我今天吃了三个。

（二）交流吃馒头的益处。

教师：今天小朋友都吃了馒头，以后你们会愿意吃馒头吗？

幼儿1：愿意，馒头很好吃。

幼儿2：我喜欢吃馒头，但我不喜欢吃幼儿园的馒头，我要吃我自己做的馒头。

教师：馒头是面食，也有很多营养，可以让我们的身体更健康。

五、将馒头分享给食堂的叔叔阿姨、园长。

教师：小朋友们制作的馒头比幼儿园食堂的叔叔阿姨做的馒头更美味。很多小朋友吃了两个或者三个，等会儿我们把馒头送给食堂的叔叔阿姨品尝品尝，希望食堂的叔叔阿姨也做出这样美味的馒头。如果食堂的叔叔阿姨也能做出多种造型的馒头，你们愿意吃吗？

幼儿 1：厨师叔叔也可以做吗？我还想吃汽车造型的馒头。

幼儿 2：如果叔叔阿姨不会做，我们可以帮他们做。

幼儿 3：可以让园长跟食堂叔叔阿姨说做漂亮的馒头，我们会吃很多的。

教师：太好了！如果能看到小朋友们大口大口吃馒头的样子，老师也会很开心。那我们一起去找食堂的叔叔阿姨和园长老师，把馒头分给他们品尝，也许他们吃完后也想做这样的馒头。小朋友们在家里有机会也可以和爸爸妈妈一起试着做各种各样的馒头，让爸爸妈妈品尝美味的馒头。

【活动延伸】

• 区域活动：在阅读区投放有关面食的绘本，供幼儿阅读；在美工区投放花样馒头的图片及超轻黏土，供幼儿进行创意制作。

• 生活活动：日常生活中采用类似的方式引导幼儿不挑食、不偏食，尝试吃各种食物。

• 家园共育：在条件允许的情况下，请家长在家中与幼儿共同制作各种各样的面点，体验制作、品尝面食带来的愉悦。

有助于经验的延续、深化和迁移，让幼儿持续感受、体验生活中的美的同时养成良好的饮食习惯。［回归生活］

◆反思与推进

一、幼儿的学习与发展

（一）幼儿对制作花样馒头感兴趣，逐渐愿意吃馒头。

（二）幼儿将已有的手工技能运用到制作馒头上，获得审美表达的机会和愉悦的情感体验。

（三）幼儿能愉快专注地进行创造、表现，作品富有艺术性。

（四）幼儿遇到问题时能尝试与同伴协商、合作。

二、活动亮点

（一）通过生活活动与艺术活动的结合，解决了幼儿生活中的问题，培养了幼儿的审美情趣，有助于幼儿养成热爱生活的态度。活动中，教师引导幼儿欣赏发现花样馒头的美，将艺术融入生活，让艺术走进幼儿的生活。幼儿能大胆地迁移经验，设计制作各种造型的馒头，并满意自己的作品。个别长期不愿吃馒头的幼儿也很愉快地吃完了自己制作的馒头。

（二）教学方法得当，师幼互动自然、有趣、有效。活动中，教师和幼儿共同制作面点。教师主要采用对话法引导幼儿欣赏、表达，鼓励幼儿在创作过程中自主操作、尽情体验、大胆表现。

（三）一次集体教学活动可能无法改变幼儿的饮食习惯，也不可能让所有的幼儿都喜欢吃馒头，教师需要在之后的日常生活中继续引导。但通过这样的活动让幼儿发现原来馒头也可以有很多不同的造型，可以是可爱的、有趣的，也可以是好玩的，这对幼儿主动吃馒头起到一定的促进作用。

三、活动后续

活动后，教师与幼儿将多余的馒头送给其他班级的幼儿、教师、保育员分享。幼儿期待幼儿园的食堂也可以做出多种造型的馒头，部分幼儿提议申请去厨房帮忙做馒头。出于可操作性的考虑，在日常进餐的过程中，幼儿想出用另一种方式变出花样馒头——他们用手和牙齿将统一造型的馒头撕咬成不同造型的馒头，然后将自己“制作”的馒头愉快地吃完。

我们一起打招呼

福建省实验幼儿园　黄雪英

◆活动缘起

主动问好是幼儿园礼仪教育的重要内容之一。在幼儿园里，教师经常提醒幼儿来园要主动跟园内教职员工问好、离园要跟教职员工说“再见”，但幼儿问好的主动性不强，总是要教师提醒或者教师先打招呼幼儿才会记起来。

幼儿日常交往中的真实问题。[源于生活]

幼儿为什么不能做到主动跟教师等问好呢？这引发了教师和幼儿的讨论。田田说：“打招呼时我觉得有点害羞。”安安说：“我一看到玩具就很想马上去玩，所以忘记了跟老师打招呼。”久久说：“我觉得一直说‘你好’不好玩。”笃笃说：“放学时，人太多了，老师都听不见我说‘再见’。”……

幼儿真实的想法和需要。[源于生活]

基于这种情况，教师开展了一次社会领域活动“打招呼”，希望通过交流、讨论、体验，提高幼儿打招呼的积极性，进一步培养幼儿的礼貌行为。尽管在活动中幼儿有关打招呼的想法很多，也为不能主动打招呼的同伴提出了很多建议，但那些依旧羞涩的幼儿似乎还是比较拘谨，并且在后续生活中打招呼的问题也未得到明显的改善。

前期的课程基础。[基于生活]

我们往往从成人的视角、规训的视角希望幼儿能主动打招呼，因此，打招呼对幼儿来说变成了一件很重要的任务。这一任务往往容易变成负担。特别对一些个性羞涩的幼儿来说，一方面，他们需要鼓起勇气去战胜打招呼的挑战；另一方面，和成人打招呼时常得不到相应的、积极的反馈，因此体验往往不佳。教师计划以幼儿情感为切入点，努力优化幼儿对打招呼的体验，从而帮助幼儿转变对打招呼的认知，进而促进幼儿良好行为的养成。游戏化的音乐活动是一个较适宜的形式，教师拟通过韵律活动“我们一起打招呼”，让幼儿在快乐与美感中养成良好的行为习惯。

对幼儿真实的诉求进行深入的分析。[源于生活]

◆以集体教学形式开展活动的价值辨析

一、帮助幼儿体验人际打招呼的快乐。打招呼本身是一种社交行为，集体教学活动提供了集体交往的机会。幼儿能够在活动中尝试相互之间打招呼，并通过游戏化的集体活动以及富有想象的集体学习，进一步增进幼儿有关打招呼的快乐体验。

二、集体律动游戏的形式能强化打招呼的愉悦感。以集体律动的形式进行教学，弱化了教师的说教意味。集体教学活动容易调动幼儿积极、主动、开心、快乐的情绪，让幼儿感受打招呼的愉悦以及趣味性。

三、满足不同个性幼儿的表现，减轻幼儿的心理负担。集体教学活动支持幼儿个性化的表达，给予不同能力和个性的幼儿想象、表演、创造的机会，支持不同能力的幼儿享受进步的快乐。

◆活动设计/过程

【活动目标】

· 能随乐合拍地在歌词“你好”“哈喽”“再见”处做打招呼的动作。

· 知道日常生活中与人相互问候是自然而愉快的事情。

· 体验在音乐中与同伴相互问候的愉悦，能克服害怕或羞怯心理，愿意用适当的方式问候别人。

观照学习者立场，符合幼儿真切的学习需要。[源于生活、回归生活]

【活动准备】

· 经验准备：教师与幼儿讨论过打招呼的多种表达方式。

· 材料准备：旋转招呼盘（参见图 3-11-1），音乐《哈啰歌》。

图 3-11-1

【活动过程】

一、情境导入。

教师：今天，朵拉要来到我们中二班做客啦！以前的朵拉很害羞，总是不好意思和人打招呼。她上幼儿园后，发现打招呼一点也不难，还发现打招呼能让自己和别人都很快乐。看，朵拉来了！

有助于唤醒幼儿打招呼害羞、不好意思的真实感受。[源于生活、基于生活]

二、引导幼儿倾听音乐《哈啰歌》，熟悉旋律及歌词。

（一）播放第一段音乐，引导幼儿倾听，学唱第一段。

教师：朵拉来到中二班跟谁打招呼？她唱了什么？

教师：哦，朵拉跟小朋友打招呼，那小朋友们也要回应她的招呼。

（二）播放第二段音乐，引导幼儿倾听，学唱第二段。

教师：她接下来又跟谁打招呼？又唱了什么？

教师：她跟老师打招呼，老师也要回应她。

教师：朵拉来到中二班和老师、小朋友们打招呼，可开心了！她为什么很开心呢？

链接幼儿以往与人打招呼的经验，激发幼儿的积极情感。[基于生活]

幼儿：因为她觉得我们喜欢她。

教师：是的，她听到甜甜的问候声，看到有人跟她挥手，还有人对她微笑。她感觉大家都很喜欢她，欢迎她的到来。接下来，朵拉还想去楼上逛逛，楼上会有谁呢？（出示园长的照片）你们平时跟园长老师打过招呼吗？

教师：有的小朋友说有，有的说没有，为什么呢？

幼儿1：我喜欢园长老师。

幼儿2：我有些害羞。

教师：朵拉要和园长老师说“你好”，因为园长老师很爱我们，我们也很爱她。打招呼可以表达我们对她的爱，所以我们要像朵拉那样主动、大胆地跟园长老师说“你好”。我们要怎样跟园长打招呼才合适呢？

利用常见的生活现象帮助幼儿思考与学习。[基于生活]

幼儿1：要微笑地说“你好”。

幼儿2：可以招招手，说“园长老师好”。

三、引导幼儿学习用不同的动作与别人打招呼。

（一）引导幼儿回顾多种打招呼的方式。

教师：你们说说有哪些打招呼的方式。

小结：打招呼的方式有比心、拥抱、击掌、拳碰拳、爱心、握手、敬礼、招手等。我们可以根据不同的人用适宜的方式打招呼。

（二）随乐合拍做打招呼的动作。

1. 匹配音乐，学习用动作打招呼。

教师：你们觉得可以在歌曲的什么地方做打

招呼的动作？

2. 匹配情境，尝试用不同的动作向不同的人打招呼。

教师：现在你们帮朵拉想想可以用什么动作跟园长老师打招呼更适合。（根据幼儿讲述，鼓励幼儿随乐表演）

教师：朵拉逛完四楼，又来到了一楼。她看到医生阿姨在晨检，朵拉要怎么跟医生阿姨打招呼更适合呢？（根据幼儿的讲述，引导幼儿随乐表演）

3. 播放第三段音乐，引导幼儿倾听，学唱第三段。

教师：离园时间马上就要到了，朵拉要离开幼儿园了，可以用什么动作跟大家说"再见"呢？

四、互动游戏"我们都来打招呼"。

教师：你们跟着朵拉用不同的方式和老师、园长老师、医生阿姨、保安叔叔说"你好""再见"，现在我们要和自己身边的朋友们打招呼、说"再见"，你们想怎么做？怎么让朋友之间打招呼更加亲密、友好、有趣呢？

回归生活，帮助幼儿进行反思与迁移。[回归生活]

幼儿 1：可以抱抱好朋友。

幼儿 2：可以拉拉手。

教师：那我们一起来亲亲热热地打招呼吧！

（一）幼儿之间互动问好。

教师：在问好的时候，别人用什么动作跟你问好，你可以用同样的动作回应，也可以用不同的动作回应。

（二）出示旋转招呼盘，鼓励幼儿随机旋转或转到自己喜欢的打招呼图示处，与教师、同伴进行互动游戏。

（三）小结。

教师：刚才你们用了哪些动作和朋友打招呼？

幼儿1：我对她比心。

幼儿2：我和他拥抱。

幼儿3：我们击掌问好。

…………

教师：你们和朋友打招呼后的心情怎么样？

幼儿：开心、快乐，觉得很好玩。

教师：现在你们跟别人打招呼的时候，会害怕或者害羞吗？

幼儿：不会。

教师：太棒了！今后，我们也要像热情的朵拉那样，遇到熟悉的人，大大方方地打招呼，把友好和快乐送给他们！如果你们拿不定主意要怎么和人打招呼，可以用老师为你们准备的旋转招呼盘，挑一种自己觉得最舒服的打招呼方式哦！

支持前期观察到的有特殊需求的幼儿。[源于生活、基于生活]

图 3-11-2

【活动延伸】

·生活活动：串班“互动问好”，教师带着幼儿到别班做客，鼓励幼儿向别班的教师、幼儿打招呼，帮助幼儿进一步克服害怕、羞怯的心理，感受主动打招呼带来的愉悦感；继续利用旋转招呼盘，以游戏的方式，强化幼儿主动与教师、同伴打招呼的习惯。

促进学习经验的迁移，并在生活中强化。［回归生活］

图 3-11-3

·家园共育：指导家长在家庭、社会生活中鼓励幼儿大方地与人打招呼，并请家长将幼儿的进步反馈给教师，以便教师及时酌情开展后续活动。

在后续生活中构建积极、温暖的环境，支持幼儿学习与发展。［基于生活、回归生活］

【活动资料】

哈 啰 歌

1=C $\frac{4}{4}$　　　　选自奥尔夫音乐《哈啰歌》

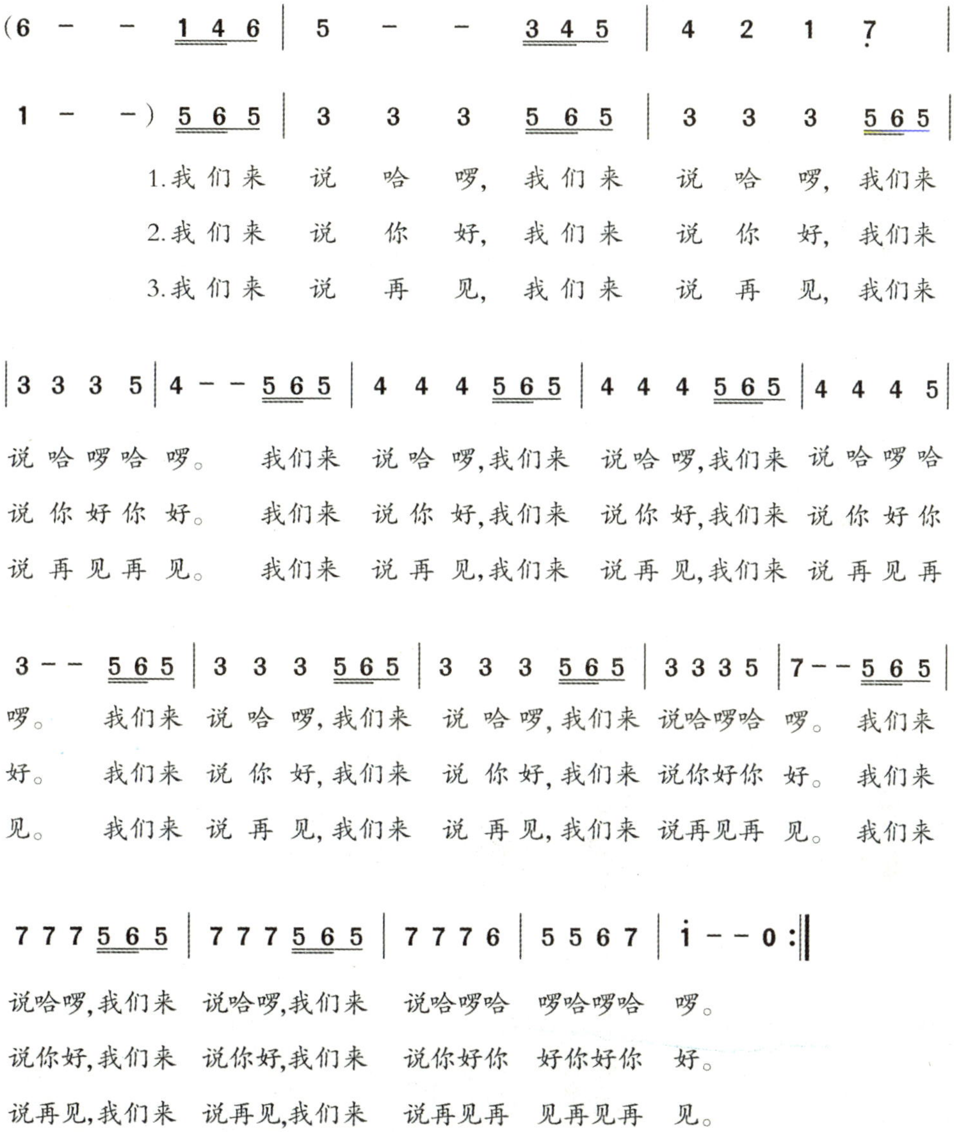

◆反思与推进

一、幼儿的学习与发展

（一）幼儿知道自己有能力使用适宜的、喜欢的动作与不同的人打招呼。

（二）幼儿获得的经验能够在生活中得到应用，感受打招呼的乐趣。

二、活动亮点

（一）活动选取了清新愉悦、节奏明朗的歌曲，让幼儿有积极愉快的情绪体验。

（二）教师利用幼儿喜欢的动画人物形象贯穿整个游戏过程，容易激发幼儿主动与教师、同伴打招呼的兴趣。

（三）歌曲中重复性的歌词"你好""再见"，适合中班幼儿创编不同的打招呼动作。

三、活动后续

活动后，教师发现幼儿不管是在活动室里还是在走廊上、操场上，打招呼的行为有了一定的优化，甚至会尝试用独特的方式打招呼。大方的幼儿每天会变着花样，开心、热情、主动地和教师及同伴问好，甚至会用比心、敬礼、爱心等多种方式。个性内敛、害羞的幼儿也有了明显的进步，甚至时不时地会在旋转招呼盘上驻足，转一转……

唱唱我们的新操场

福建省实验幼儿园　陈燕燕　陈　婷

◆活动缘起

幼儿园操场的维修，从暑假一直延续到了新学期。幼儿第一天来幼儿园就被乱七八糟的操场惊呆了。他们好奇地议论起来："滑梯去哪儿了？""升旗台也不见了。"……有的幼儿担心："那我们去哪里玩呢？"接着，他们又被操场施工的场景所吸引，产生了好奇心。

幼儿的生活背景。[源于生活]

追随着幼儿的兴趣与关切，教师与幼儿一起开展了有关操场的主题活动。伴随操场施工进程和主题活动的推进，幼儿在满足好奇心的同时，不断滋长的是对新操场的期待。随着操场软木地面及塑胶跑道铺设的完成，操场投入使用进入倒计时，幼儿的期待与日俱增。因为班级开展的是与操场有关的活动，我们班被园长“特批”为第一个进入操场体验的班级。能提前进入操场，幼儿非常开心，游戏的体验也特别丰富：“蹦蹦床太刺激了，我的头发都要飞起来了。”“荡秋千好好玩，我要飞起来了。”……

幼儿在生活中产生的鲜活而深刻的情感体验。[源于生活]

装修后的操场成了幼儿在园生活最喜欢的场所。他们要求去操场玩，还时不时分享在操场游戏的感受或趣事。他们对操场的认知、情感借由他们的话语、绘画、建构等方式进行了多样化的表征。在观察幼儿的表征后，教师发现幼儿对操场的游戏场地各有偏好，但喜欢的情感是一致的。为了让他们喜爱操场的情感得到更好的表达，教师想到了歌唱的艺术形式——一种直接的、带有情感性的表达方式。为了能够让歌曲表达更加贴合幼儿的情绪情感，教师选择了旋律活泼、明快的歌曲《小玉米》，并在保证审美性的基础上结合幼儿在操场游戏的体验进行歌词改编，让幼儿在学唱歌曲的过程中链接源于真实生活、快乐游戏的愉悦体验，支持幼儿通过集体演唱获得更为深刻的情感体验。

对于丰富幼儿的经验、拓展幼儿情感表达的手段，有积极意义。[源于生活]

◆以集体教学形式开展活动的价值辨析

一、呼应幼儿已有的、与操场有关的经验与情感体验，为幼儿进一步抒发情感拓展表达手段。幼儿对装修后的操场的喜爱之情，已能通过语言、绘画、建构等方式进行表达。集体教学活动的开展，一方面有助于深化幼儿的情感体验，另一方面有助于拓展幼儿表达情感的手段。

二、歌曲《唱唱我们的新操场》的学习涉及理解歌词、掌握旋律等，相对于其他活动形式，集体教学活动的形式更有助于教师借助层层递进的"支架"来达成预期目标。

三、共同经历了对操场惊讶、好奇、期待的幼儿，拥有共同的情感体验。集体歌唱的方式，更有助于幼儿获得更丰富、更深刻的情感体验。

◆活动设计/过程

【活动目标】

• 感受歌曲欢快的旋律与热爱新操场的情感，初步学会演唱歌曲。

• 尝试替换地点词以及增加动作词进行创造性演唱。

• 乐于用轻快、自然的声音演唱歌曲，表达自己对新操场的喜爱。

【活动准备】

• 经验准备：幼儿有在操场游戏的经验。

• 材料准备：钢琴、新操场中滑梯、秋千、蹦床等设施的照片或幼儿前期绘画作品、滑梯照片、歌曲《唱唱我们的新操场》的图谱（参见图 3-12-1）。

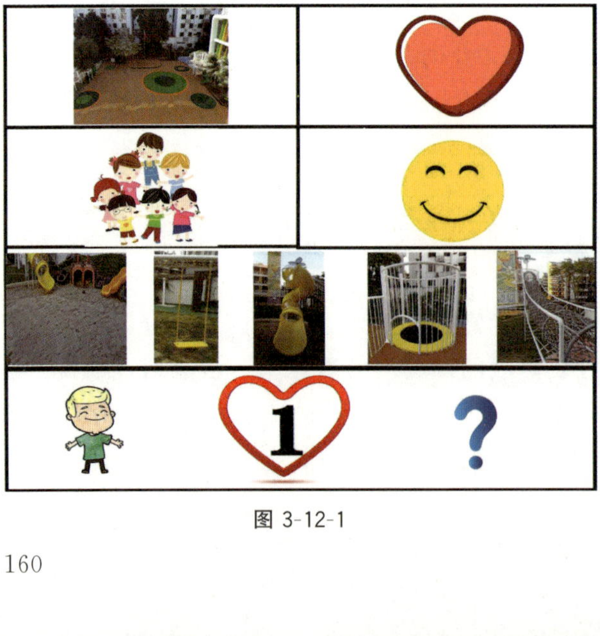

图 3-12-1

【活动过程】

一、谈话导入，唤起幼儿对新操场的愉悦体验，引导幼儿表达对新操场的喜爱之情。

唤起幼儿的生活经验，引导幼儿用语言大胆表达对新操场的喜爱。[基于生活]

教师：你们喜欢新操场吗？你们最喜欢玩什么地方？

二、引导幼儿初步感受歌曲，学习演唱。

（一）范唱歌曲《唱唱我们的新操场》，引导幼儿寻找歌曲中的地点词“滑梯”。

教师：在操场上，你们有自己喜欢的地方，我也有自己喜欢的地方。我把我最喜欢的地方藏在歌曲里，请你们来听一听、找一找。（范唱歌曲）对了，老师最喜欢玩的是滑梯。“滑梯”这两个字，藏在歌曲中的最后一句。

（二）借助图谱范唱歌曲3～4遍，在唤起幼儿回忆的基础上，引导幼儿理解歌词内容并掌握歌曲旋律。

教师：在操场上，你们和谁一起玩？玩的时候是什么心情呢？我在操场上和谁玩得很开心呢？请听我再唱一次。（范唱歌曲）歌曲中，我和谁玩得很开心？刚才我是怎么唱的？……嗯，你们听出来了，我唱的是“我和小朋友们玩得多开心”。你们说滑滑梯时心情很开心，我想试试把开心的心情唱出来，请你们听听看是否听得出开心。

引导幼儿在歌唱的过程中进行审美表达，表达在新操场游戏的快乐。[基于生活]

（三）呈现滑梯照片或幼儿前期绘画作品，强化幼儿热爱操场的情感体验，引导幼儿在演唱第二段“滑呀滑呀滑呀，啦啦啦啦啦”处做相应的动作。

教师：谁也喜欢滑滑梯？你为什么喜欢滑滑梯？滑滑梯时有没有发生有趣的事情？你们可以把滑滑梯的动作编进第二段吗？

（四）师幼合唱歌曲，引导幼儿反思自己的演唱，寻找演唱困难的部分。

教师：我们一起来唱这首歌吧！（师幼合唱歌曲）你们在唱的时候，有没有遇到困难？哪一句比较难唱？那我们一起唱一下那一句吧。（师幼再次合唱歌曲）这次你们能自己完整地唱吗？有需要帮助时我再来帮助你们。

三、引导幼儿替换部分歌词（地点词），进行创造性地演唱。

运用猜谜语、看动作猜地点等方式唤起幼儿的已有经验，调动幼儿的情感体验。[基于生活]

（一）以猜谜的形式引出新地点（秋千），启发幼儿将新词编入歌曲。

教师：操场好玩的地方那么多，除了滑梯，还有很多地方。老师说一个谜语，请你们猜一猜是操场的什么地方。架子空中悬，绳子挂两边，司机来驾驭，来回画弧圈。对了，就是秋千。（出示幼儿前期绘画作品）你们喜欢荡秋千，我们把“荡秋千”这几个字唱进歌曲里吧。

（二）以看动作猜地点的形式引出新地点，请幼儿将新词编入歌曲演唱。

1. 做动作让幼儿猜地点（蹦床），并将新词编入歌曲进行演唱。

教师：现在，我来做一个动作，请你们猜这是什么地方。对了，是蹦床。（出示幼儿前期绘画作品）我们一起把“蹦蹦床”唱进歌曲里吧。蹦蹦床可以用什么动作表示？在表演第二段的时候，你们可以用自己喜欢的动作来表示。

2. 请一名幼儿做动作，引导其他幼儿猜地点并进行演唱。

教师：我现在请一个小朋友来做动作，请大家猜猜他最喜欢操场的什么地方，然后我们把他最喜欢的地方唱进歌曲里。

四、播放幼儿在操场游戏的照片，师幼完整演唱歌曲，共同表达对新操场的热爱。

教师：老师收集了你们在操场游戏的照片，现在我们一起看着照片来唱我们今天新编的这首《唱唱我们的新操场》吧！屏幕上出现的是什么地方的照片，我们就把那个地方编进歌曲里。

用幼儿游玩的照片进一步强化幼儿的情感体验，让幼儿的歌唱由心而生，丰富幼儿艺术审美体验。［基于生活］

【活动延伸】

• 区域活动：引导幼儿绘制歌曲图谱，投放在表演区供幼儿与同伴一同表演歌曲。

• 生活活动：继续关注幼儿在新操场的游戏，鼓励幼儿继续创编新歌词。

• 家园共育：请幼儿将这首歌曲唱给家长听；请家长鼓励孩子继续创编歌曲，并以不同的方式进行记录与分享。

关注经验的后续迁移、运用。［回归生活］

【活动资料】

唱唱我们的新操场

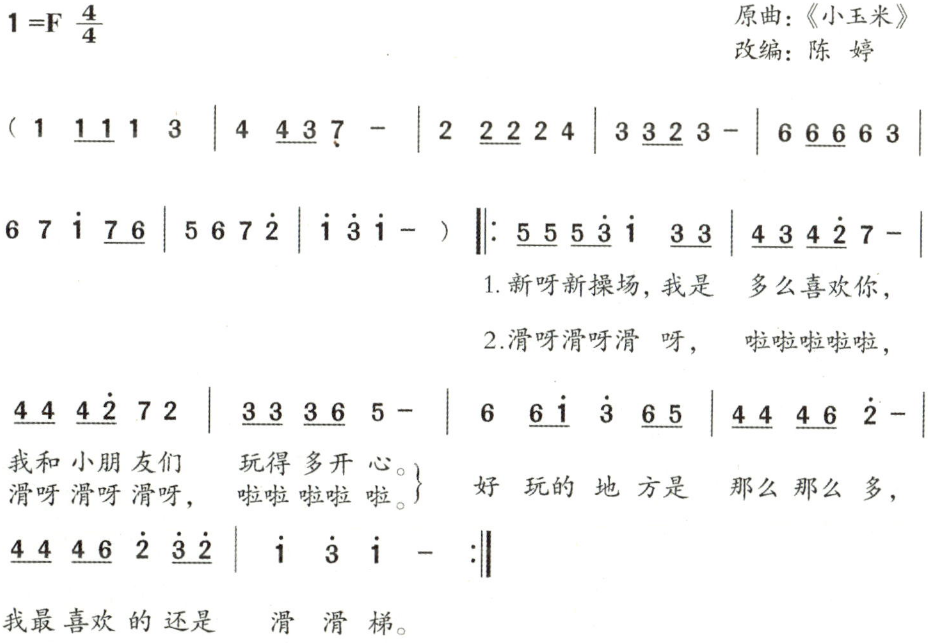

◆反思与推进

一、幼儿的学习与发展

（一）幼儿借助歌唱，表达了对新操场的喜爱，深化了源于生活的情感体验。

（二）幼儿在富有趣味和创意的学唱与创编歌曲的过程中，体验了自主学习的乐趣。

（三）幼儿在与同伴共同演唱歌曲的过程中感受情感共鸣，丰富了艺术审美体验。

二、活动亮点

（一）凸显艺术源于生活、滋养生活的生活化艺术教育理念。本次活动缘起于幼儿真实生活中体验深刻的事物，链接了幼儿在前期开展的主题活动中获得的经验与情感，并将幼儿愈发浓郁的情感延伸至随后的生活中。

（二）将幼儿良好学习品质的培养自然融入活动。教师重视通过引导幼儿进行反思学习，培养其自主学习的品质；教学中融入游戏化设计，以看动作猜地点的游戏形式调动、保持幼儿的注意力，激发幼儿主动参与活动的积极性。

（三）教师在活动中自然呈现歌唱美感；善于运用体态、语言、眼神、动作调动幼儿学习热情，激发幼儿自主参与活动；善用“抛接式”提问启发幼儿积极互动。

三、活动后续

这首歌曲成了幼儿日常生活中口口相传的歌曲，幼儿能与同伴边游戏边唱歌。操场的变化对于其他班级、其他年龄班的幼儿也有相同的共鸣，为此，我们争取了一次在升旗活动中的机会，把《唱唱我们的新操场》唱给全体幼儿听。

我做妈妈的发型设计师

龙岩市漳平市宝娘幼儿园　郑蓉梅　许　勤

◆活动缘起

希希有一头自然卷的头发。一天，午睡起床

日常生活中真实发生的

后，几个幼儿对希希蓬松的发型有了兴趣："希希的头发这样散开，很好玩，像一头狮子。""她的头发卷卷的，跟弹簧一样。"一旁的教师"插嘴"："卷卷的头发，很多人喜欢，老师也曾有卷发的时候。"幼儿接着就发型的话题展开了讨论："我妈妈的头发也是这样卷卷的，而且有点黄。""我妈妈的头发是短短的、直直的，跟男孩一样。""我妈妈的头发是直直的、长长的、黑黑的，很漂亮。"……

事件。[源于生活]

幼儿讨论得很热烈，教师也加入他们的讨论："你们喜欢什么发型？"这个问题更引发了幼儿的兴趣，有的幼儿甚至有给自己妈妈设计发型的想法。按以往的做法，教师会在美工区投放材料以支持幼儿操作，但近期美工区的绘画活动十分"饱和"，因此，如何满足幼儿艺术表现的愿望呢？此时，东东的行为启发了教师。东东跑到木工坊，取来了一个卷卷的木屑料，说："我妈妈的头发就像这样！"是啊，我们幼儿园的课程十分强调基于乡土资源、自然物的教育，幼儿在之前的活动中也有了一些相应的经验，并且，材料的多样性也有助于幼儿的艺术表达。

综合考虑目前课程与幼儿当前的愿望。[源于生活]

联系幼儿园课程的特征和幼儿的学习特点。[基于生活]

基于此，教师准备开展"我做妈妈的发型设计师"美术活动，并利用自然物及废旧物，支持幼儿通过加工、改造进行艺术创作。

◆以集体教学形式开展活动的价值辨析

一、集体教学能满足多数幼儿的学习兴趣。当前，多数幼儿对发型十分感兴趣，对为自己的妈妈设计发型有强烈的愿望。集体教学面向集体，可以高效率地满足幼儿当前的兴趣与需要。

二、运用集体教学的方式，可以帮助幼儿获得更丰富、更系统的经验。中班幼儿无法完全表达出他们的情感和想法，集体教学活动以幼儿的好奇、兴趣为出发点，结合自然物及废旧物的独特造型，有助于幼儿的表现。活动中，教师将引导幼儿通过观察、了解妈妈们发型的多样性，以及欣赏不同造型及色彩的发型，引导幼儿大胆想象，支持幼儿利用自然物的拼摆、反复尝试，设计出属于自己的独特发型。

三、构建学习共同体，培养集体感。集体教学活动的实质是一个师幼及幼幼多维互动、自主建构和意义生成的开放性过程。幼儿与幼儿之间的交流互动，使同伴之间的差异成为一种资源。全班幼儿可以在相互启发、相互学习的过程中体验集体生活的乐趣。

◆活动设计/过程

【活动目标】

·尝试运用自然物及废旧物等的外形特点，为自己的妈妈设计发型。

幼儿学习的兴趣与需要。［源于生活］

·欣赏多种发型，体验不同发型带来的美感以及设计的快乐。

·在回忆、讲述、创作的过程中感受和表达对妈妈的爱。

【活动准备】

·经验准备：亲子绘画，幼儿和爸爸共同绘画妈妈的发型；幼儿已有用自然物进行创作的相关经验。

充分利用幼儿家庭生活潜在的资源。［基于生活］

·材料准备：多种发型（烫发、卷发、长发、短发等）的图片，松针、刨花、小竹圈、弹簧条、树皮、榕树须、松果、树叶、簸箕、竹筒、木块、各种坚果壳等。

【活动过程】

一、游戏“转转乐”：介绍自己妈妈的发型。

回顾已有的经验，介绍自己妈妈的发型。

教师：小朋友们，转盘上贴着的是你们跟爸

爸一起画的妈妈的发型，现在我们的转盘转呀转，转到谁的妈妈，就上来给大家介绍一下自己妈妈的发型。

调动幼儿的已有经验，激发幼儿爱妈妈的情感。[基于生活]

图 3-13-1

幼儿 1：这是我跟爸爸画的妈妈，她的头发是直直的、长长的。

幼儿 2：我妈妈的头发是一卷一卷的，像大海的海浪一样。

幼儿 3：这是我的妈妈。看，我妈妈头发一束扎起来，好像马尾巴。

…………

小结：你们妈妈的发型，有的是长长的直发，有的是短短的短发，有的是像海浪一样的卷发……每个妈妈的发型都不一样。

二、欣赏发型的造型美、色彩美。

播放多种发型的图片，引导幼儿欣赏发型的造型美、色彩美。

教师：现在让我们先一起欣赏一些发型吧。这些发型有什么不一样呢？你们喜欢哪种发型？美在哪里？

幼儿 1：我喜欢把头发编辫成了许多小辫子的

发型。辫子上面还扎上了许多小蝴蝶结，我觉得特别有趣。

幼儿2：我喜欢的头发是紫色的，像芭比娃娃。

幼儿3：我喜欢的是我妈妈的头发，短短的，但都能竖起来，特别帅。

…………

小结：这些发型真有趣，有的造型独特夸张，有的色彩与众不同。

三、介绍材料，想象创作。

（一）大胆想象，设计发型。

教师：周末我们的"亲子时装秀"就要举行了，你们想给自己的妈妈设计什么发型呢？

链接后续生活并以此作为活动情境，实现经验的连续性。[基于生活、回归生活]

幼儿1：我妈妈是直发，可以编辫子，上面戴上许多花，像花仙子一样，一定很漂亮。

幼儿2：我想给我妈妈的头发上点颜色，看起来一定会很酷炫。

幼儿3：我妈妈是短发，我想让妈妈头发的两边翘起来，也会更好看。

…………

小结：好的发型不仅可以很好地修饰脸型、引人注目，还能让妈妈更漂亮并且心情愉悦。现在就让我们为妈妈设计新的发型吧！

（二）介绍材料。

教师：看，松针、刨花、小竹圈、弹簧条、树皮、榕树须、松果、树叶等，请小朋友们想一想这些材料可以做妈妈的哪些发型、为什么。谁来说说看？

幼儿1：我想帮妈妈设计卷卷的发型，我试试选用刨花来做。

幼儿2：我想妈妈像花仙子一样漂亮，我想选花瓣设计妈妈的发型。

幼儿3：我想帮妈妈设计长长的卷发，刘海是斜的，很漂亮。我想试试松果和松针。

…………

小结：不同的材料做出发型的效果不一样。小朋友们可以尝试用不同材料为妈妈设计发型。

四、幼儿自主创作。

（一）活动要求。

教师：请小朋友尝试用不同的材料帮妈妈设计发型。作品完成后要把剩下的材料归位。

（二）幼儿创作。

引导幼儿根据不同的材料大胆想象、设计出妈妈的新发型。对于能力较弱的幼儿，可以先引导幼儿说说妈妈的发型，然后教师与其一起试做，以增强幼儿的自信心。

图 3-13-2

图 3-13-3

图 3-13-4

五、欣赏并评选。

（一）幼儿投票。

教师：这么多的发型，你们觉得哪一款发型是最酷的、最美的？老师为大家准备了贴纸，每人只有一票哦！选好你觉得最应该得奖的作品，把贴纸直接贴上去就可以了。

（二）现场采访：你刚才把票投给了谁？为什么？

（三）小结：你们通过自己的想象，为自己的妈妈设计、创作了新发型。这些发型都不一样，都是独特的。有的小朋友反复尝试用不同的材料来调整自己的作品；有的小朋友会观察同伴的作品，借鉴好的经验，最后创作出漂亮的发型。老师为你们点赞！

【活动延伸】

· 区域活动：活动后将幼儿的作品拍照，布置在美工区墙面上，举办“妈妈的漂亮发型展”；在美工区投放发型模特供幼儿做造型或开展“美发创意屋”的角色游戏等。

将相关经验融入后续活动和现实生活中。［基于生活、回归生活］

· 家园共育：周末开展“亲子发型秀”活动，由爸爸跟幼儿共同为妈妈设计发型。

◆反思与推进

一、幼儿的学习与发展

（一）幼儿的创作愿望得到满足，利用自然物创作，助力想象转化为艺术表达。

（二）幼儿敢于尝试、大胆创作，获得审美表达的机会和愉悦的情感体验。

二、活动亮点

活动环节层层递进，从游戏“转转乐”到欣赏发型的造型美和色彩美，再到大胆构思、创作等，调动了幼儿已有的经验，唤醒了幼儿真实的情感体验，激发了幼儿大胆想象及创作的欲望，提升了幼儿感受美、表现美的能力。美术与生活相对接，激发了幼儿热爱生活的情感，提高了他们发现美和感受美的能力。

三、活动后续

幼儿在后续的“亲子发型秀”活动中格外开心。开心既源于他们对自己作品的喜爱，也源于他们能为妈妈创作发型的自豪。除了为妈妈设计发型外，幼儿还尝试为妈妈设计一些日常生活用品，如妈妈的手提包、裙子、帽子等。

第四章　大班集体教学实例与分析

地震逃生

泉州幼儿师范学校附属幼儿园　兰方明　邹慧敏

◆活动缘起

我园长期以来十分重视培养幼儿的自救能力。每年5月12日“全国防灾减灾日”前后，我们都会开展与地震相关的系列活动，引导幼儿从不同角度了解什么是地震、为什么会发生地震、地震来了怎么办等相关知识。对于地震，多数幼儿已经有了一些经验。

幼儿的已有经验。[源于生活、基于生活]

日常教育实践中，幼儿对待地震呈现出的是相当平静的状态，即使演练活动也是在周边环境相对安全的情境下进行的，幼儿心理相对平稳。面对真正地震时，幼儿能否正确运用科学的逃生避险知识和自救办法？地震具有极强的突发性、灾难性的特征。当地震来临时，幼儿能否真正直面灾难、忍受身体的碰撞和紧张情绪的冲击？

对幼儿当前的发展需要有充分辨析。[源于生活]

教师设计了“地震逃生”活动，运用操作性与可变性强、安全系数高的长方形海绵垫作为主要器械，创设逼真的“地震情境”。相比于相关技

拟通过适宜的活动，链

能的训练或模拟演练活动而言，这个活动更强调幼儿在几个典型突发情境下的体验和反应。教师希望通过观察幼儿的应急反应和处置危险的真实能力，提供幼儿真正需要的心理激励和技能支持，在巩固幼儿已有避震经验的同时强化幼儿的应变能力和"肌肉记忆"，进一步完善幼儿的科学逃生避险知识和自救能力。

接幼儿当前的已有水平和应有水平。[基于生活、回归生活]

◆以集体教学形式开展活动的价值辨析

一、通过集体教学活动的形式，能让幼儿置身于逼真的地震情境中，使幼儿在应激状态下做出真实的反应，锻炼幼儿的逃生能力，让幼儿在较为真实、心理受到冲击的环境中获得科学自救逃生的必要经验。

二、在集体教学活动中师幼、幼幼的互动，有利于幼儿观察和对比逃生过程中同伴的应急反应，让幼儿利用反省、学习、改进等方式丰富自身的逃生自救方法和身体反应经验。同时，集体教学活动既面向全体又关注个体的形式，能有效支持幼儿面对地震突发事件时正确做出逃生反应，提高应对突发事件的能力。

三、幼儿在教师及时引导的教学情境下，能够更高效地习得正确的知识与技能，并挑战自我、战胜困难，感受自信等多种复杂身心体验，提升应对地震突发事件的逃生能力和自救能力。

◆活动设计/过程

【活动目标】

- 迁移有关科学避震的经验，动作敏捷地避险和求救，强化科学避险和求救的方法。

呼应并拓展幼儿的已有经验。[基于生活]

- 提高应对危险的能力，锻炼有关安全避震的身体抗挫性、灵敏性。

呼应"活动缘起"。[源于生活]

【活动准备】

- 经验准备：幼儿参与过地震疏散演练，了解了地震逃生常识，玩过垫子。

• 材料准备：长方形海绵垫若干，铜锣一面（用于发出警报信号）。

• 家园联系：事先请家长让幼儿穿上运动服、运动鞋，佩戴吸汗巾（保障幼儿活动中的安全）。

• 环境创设：在活动中幼儿自主创设逼真的地震场景。

幼儿自主创设地震情境，唤起幼儿前期掌握的逃生经验。［基于生活］

【活动过程】

一、准备部分。

教师以“身体碰碰碰”的游戏带领幼儿利用海绵垫进行热身，引导幼儿根据信号让身体的部位触碰垫子，重点活动颈、腰、四肢等部位。

二、基本部分。

（一）以“在生活中突发地震，该怎样逃生?”的问题唤醒幼儿有关在室内外不同环境下地震逃生的相关经验。

（二）以游戏“地震逃生”让幼儿挑战垫子的多种玩法。

1. 游戏一“室内逃生”。

教师以“地震来了，在室内怎样保护自己?”的口吻激发幼儿的游戏欲望，师幼共同创设室内地震游戏情境。

幼儿自由选择墙体组和避险逃生组，并进行“就地避险”和“安全疏散”游戏。

根据地震逃生的科学性，有针对性地引导幼儿活动。［基于生活］

“就地避险”游戏：当听到“地震了”的信号（长长的铜锣声），墙体组幼儿快速推下垫子（模拟房屋倒塌），夹在垫子之间的避险逃生组幼儿寻找安全的位置就地避险，即蹲下、掩护、抓牢。

“安全疏散”游戏：“地震”过后待晃动减少，听到急促的疏散铜锣声时，避险逃生组幼儿迅速踩过垫子，向安全、空旷的场所转移。

教师重点观察幼儿在“房屋倒塌时”能否根据不同的地震避险信号做出正确的选择，引导幼儿灵活且快速地避险和逃生；给予幼儿逃生动作指导，鼓励幼儿要勇敢并选择正确的动作快速逃离地震现场；观察幼儿逃生中出现的问题，对动作反应较慢和避险位置选择不当的幼儿给予关注和必要的支持。

两组幼儿交替进行游戏，鼓励幼儿大胆接受挑战。

2. 游戏二“室外逃生”。

以“发生地震了，我们在室外应该怎么做?”的口吻引导幼儿设立地震情境，探索室外地震逃生的科学方式。

区分室内逃生与室外逃生，遵循逃生的生活逻辑和科学性。[基于生活]

幼儿游戏：幼儿自由合作扶起垫子，竖放于地面，把垫子布置成树木、电线杆、房屋等物，制造室外活动场景。幼儿当听到“地震了”的信号（急促的铜锣声）后推倒竖起的垫子，营造地震场景，同时四散快跑，寻找安全、空旷的场所避难。

教师重点引导幼儿在垫子倒下时用双手掩护自己的头部，快速灵活地避开即将倒下的垫子，往空旷场所避难；提醒幼儿注意区分室内与室外逃生的不同，避免疏散中的碰撞。

3. 游戏三“废墟中的救援”。

以“被困在倒塌的房屋里如何逃生和呼救?”的问题启发幼儿分享交流。

呼应室内外逃生，进而过渡到救援，使活动情境更具真实性和情境性。[基于生活、回归生活]

幼儿游戏：幼儿自由分成两组，被困组幼儿扮演地震后被困人员，救援组幼儿扮演救援队员进行救援的演练，师幼合作制造震后废墟救援场景（可以是身体被压、四肢受伤等合理情景）。

重点引导幼儿在被困时的自救和与对外救援人员建立沟通的方法（如敲击墙面、呼救等）。

两组幼儿交替进行体验式游戏。

三、结束部分。

（一）师幼分享、交流逃生经验。教师总结、梳理地震逃生过程中的科学避险方法和自救方法，肯定幼儿在活动中勇敢、沉着的表现。

（二）带领幼儿做放松运动，共同收拾垫子。

【活动延伸】

· 家园共育：活动结束后通过家园联系方式，请家长同幼儿在居住场所及周边的户外环境中选择避难位置、绘制疏散线路。

引导幼儿利用自然、真实的生活资源，继续深化相关经验、完善相关能力。[回归生活]

◆反思与推进

一、幼儿的学习与发展

（一）幼儿将已获知的地震场面还原在活动场景中，获得逼真的情感体验。

（二）幼儿在面对刺激、惊险、紧张的逼真地震环境中能沉着应对，迅速、准确地做出应激反应，并能与同伴合作，主动解决问题。

二、活动亮点

（一）活动来源于生活中的安全问题，基于幼儿的生命安全教育。教师在了解幼儿前期经验的基础上，选用幼儿易操作和安全性高的海绵垫作为活动材料，引导幼儿自主创设地震环境。

（二）活动中运用体验式游戏，有效地突破了重难点，引导幼儿掌握正确的逃生、自救方法。

三、活动后续

演练过程虽然惊险刺激，但使幼儿在真正紧张的环境中面对突发安全事故是否真的有帮助？教师后续在每天放学前的五分钟安全教育活动中融入相关灾害教育内容，引导幼儿进一步认识灾害类型和学习不同类型灾害的逃生策略。

午餐，多吃好还是少吃好？

厦门市秀德幼儿园　黄蓝青　吴志青

◆活动缘起

我们幼儿园长期以来午餐遵从幼儿自主选择、自主服务的原则。我们发现幼儿在选择午餐时，有的幼儿肉装得多一些而蔬菜只要了几片，有的幼儿菜装得很多而主食装得很少。教师询问幼儿选择的理由，得到了各种各样的答复：“我不喜欢吃蔬菜。”“我不想吃太多饭。”“我想多吃点肉，力气大。”……教师投放了调查问卷，了解幼儿午餐喜欢吃什么以及原因。通过调查，教师发现幼儿的饮食喜好存在差异，原因也各不相同：有的幼儿爱吃肉，因为家里蔬菜做得少；有的幼儿喜欢吃得饱饱的，因为长辈交代“要多吃点”；有的幼儿吃得少，因为“妈妈说吃得多，胖了还要减肥”……为了让幼儿了解“饮食均衡”，教师把保健医生请进了班级，开展了健康领域的集体教学活动。保健医生介绍了常见食物的优点，解释了“每种食物都要吃才是健康饮食”的观念。活动中，幼儿对常见食物的营养价值很感兴趣，在接下来的用餐环节总说“吃菜有维生素 C，能预防感冒”“喝牛奶能补钙长高”之类的话。

幼儿生活中的具体现象。［源于生活］

之后某天午餐时，小米走到餐桌前，把每样食物装了一些，量很大。宁静看到了，对小米说：“你怎么装这么多啊！肚子会撑坏的！”小米回答：“我觉得这样健康！”雯欣说：“你吃多了会变成大胖子，要减肥的。”小米说：“才不会呢，吃肉可以变强壮！”丁毅说：“我也很强壮，等下我要再吃一碗！”……幼儿针对多吃点或少吃点争论起来。

幼儿感兴趣的真实话题，能吸引幼儿主动参与。[源于生活]

教师听到幼儿的争论后，对幼儿说：“那到底该多吃还是少吃？”有的幼儿直言：“当然要多吃啊！多吃蔬菜！”有的幼儿说：“少吃才对！”教师追问原因时，多数幼儿或者重复其他幼儿的理由，或者无法回答。

为什么幼儿会就“吃多”和“吃少”而争论？此前的健康活动目标停留于介绍简单的知识，把“均衡”定义为“绝对值”，使幼儿只获得一个模糊的概念。因此幼儿片面而简单地认为“吃多”即什么都吃便是均衡、“吃少”便是不均衡，可见此前的健康领域活动并不能在生活中解决饮食不均衡的问题。

教师发现之前的健康领域活动并未能让幼儿理解饮食均衡和食量适宜，只停留在多吃或少吃的表面。幼儿对多吃点或少吃点有很多的想法。饮食不均衡背后的原因除了自身喜好，还有家庭饮食习惯、审美观等诸多原因。

幼儿还有什么经验需要丰富？首先，幼儿要了解饮食均衡不是简单的食量多少，而是适宜，包括符合每个人营养的需求和食量。其次，幼儿展现了强烈的表达欲望，但语言有序性、连贯性需要加强。教师应引导幼儿了解论点和论据的联系，用因果关系、并列关系等逻辑关系词组织语言。大班幼儿对说服他人有着强烈的欲望，但对于如何以理服人、以连贯的逻辑表述观点，还缺乏能力和方法。

对当前的发展需要进行深度分析。[基于生活]

什么样的活动形式能够引起大班幼儿的共鸣？

大班幼儿有着强烈的好胜心，总想说服别人。教师可以利用这一点来鼓励幼儿表达、参与。教师尝试在语言区投放了辩论赛的录像片段，鼓励幼儿观看。幼儿观看后非常感兴趣，还不时模仿着录像里选手的说话方式“我方的观点是……”“请问对方辩友……”；有的幼儿甚至在语言区里演绎着录像中的辩论环节，进行着诸如“小学好还是幼儿园好”“晴天好还是雨天好”的讨论；日常对话中，部分幼儿常说出“我不赞同……” “我认为……”这类辩论比赛中的常用句式。辩论一时成了幼儿津津乐道的话题。

在幼儿熟悉辩论赛的规则后，教师适时提出：“午餐到底多吃好还是少吃好呢？我们是否可以开展一次正式的辩论赛?”幼儿听后便马上行动起来。基于前期的经验，特别是在语言区中的经验，幼儿根据自己的观点进行了分组，形成了正方“多吃好”和反方“少吃好”。有些幼儿没有确定自己的观点，便有同伴提议：“那他们来当裁判吧!”这些幼儿组成了裁判组。接下来的几天里，幼儿分组积极地筹备辩论赛，回家在家长的帮助下收集了不少素材。有的幼儿用图画表征，有的幼儿用简单的字和符号来记录自己的想法……

辩论赛准备就绪。

◆以集体教学形式开展活动的价值辨析

一、有助于幼儿形成学习共同体，重组或丰富经验。幼儿参与辩论赛的过程，能够调动幼儿的主观能动性，在查找材料中构建自己的观点，同时通过集体分享、倾听同伴的表达丰富自己的论据，弥补个人经验有限的缺陷。

二、有助于突破重难点——饮食的适宜性。“适宜性”不是绝对概念，而是因人而异的。幼儿在集体活动之中可以发现双方观点的可取之处，会了解到吃得多和吃得少都有各自的优缺点。教师通过对幼儿观点的总结和梳理，阐释符合自己健康的需求就是“适宜的”，真正做到以幼儿的“眼”看待饮食问题、以幼儿的“嘴”表达适宜性问题。

三、有助于形成积极表达的氛围。语言交流需要对象，交流的习惯可以从不同的对象身上习得。通过讨论一个话题，教师可以引导幼儿由浅入深地做到听懂、辨别甚至反驳。在集体教学活动中，教师可以给予幼儿表达的空间，支持幼儿在交流中学会倾听。

四、有助于教师帮助幼儿重塑语言逻辑。辩论要求思维敏捷、快速应对。大班幼儿语言概括能力尚在发展，表达尚缺乏连贯性与条理性。以集体教学的形式开展辩论赛，教师可以在幼儿出现表达不清的状况时，通过对幼儿的语言加以反馈、重述、总结，帮助幼儿理清思路，如“你是想说……吗?”，引导幼儿将教师的反馈语言纳入自己的表达中，提高幼儿语言的连贯性，使幼儿对辩论的目的也逐渐明确，举例证明也更加有力。

◆活动设计/过程

【活动目标】

·愿意大胆表达自己的想法，并能用“我认为……因为……所以……”的句式完整表达自己的观点。

·能遵守辩论规则，有序发言，认真倾听。

·树立荤素搭配、膳食平衡的观念。

呼应“活动缘起”，解决幼儿当前面临的问题。[源于生活、回归生活]

【活动准备】

·经验准备：幼儿基本了解辩论规则，根据观点选择分组，并以小组形式进行过赛前讨论，做好论据准备。

·材料准备：录像、计时器、纸、笔、便签贴。

“经验准备”既有助于教学的开展，本身又富有学习意义，构成学习的连续体。[基于生活]

【活动过程】

一、观看录像，引入话题。

教师：我们一起来看看录像中的小朋友选择

有助于调动幼儿已有的

食物的情况。你们发现了什么？

经验。[基于生活]

图 4-2-1

小结：有的幼儿装得很多，他们认为要多吃才能有力气；有的幼儿装得比较少，他们说不喜欢吃得那么饱。吃得多和吃得少到底哪一个对小朋友的身体健康有好处呢？让我们一起通过"小小辩论赛"说出你的观点吧！

二、回顾辩论规则。

教师：什么是辩论？举行一场辩论赛，我们需要什么？

小结：辩论赛需要正反方辩手、主持人、裁判。赛前，大家已经选择好自己的观点、成立了小组。现在，正反方辩手已经就位，我宣布，关于"午餐，多吃好还是少吃好？"辩论赛正式开始。

三、代表陈述观点。

教师：请大家陈述观点。每组将自己的想法写在便签贴上，贴在发言稿上，并选出两名代表来说一说。请大家用"我认为……因为……所以……"等句式，这样能让大家听得更明白。

小结：在这个环节，双方能够利用团队的力

图 4-2-2

量证明自己的观点。看来，多吃或少吃的理由，有的是因为想变强壮所以多吃，有的因为想苗条点所以少吃。

四、举手发言，提问质疑。

教师：现在进入提问质疑的环节。辩手可以向对方辩手提问，同时也要反驳对方辩手对你的提问。（注意挖掘话题的相关价值，如饮食均衡、食量适宜等）

小结：辩手们想尽办法要问倒对方。我们有什么办法可以增加新的想法？不妨问一问现场的“亲友团”，寻求更多的帮助，把问到的结果记录在纸上。

五、自由辩论。

教师：接下来进入最紧张又精彩的自由辩论环节了，大家都可以说，但要注意依次发言。当别人发言时，听的人要注意倾听。

六、评选“最佳辩手奖”“最佳秩序奖”。

教师：精彩的辩论结束了，请现场的裁判为我们投票，看看哪一队最遵守辩论规则、哪一队最清楚地表达了自己的想法。

幼儿评选，教师指导幼儿统计票数并宣布结果。

七、总结。

总结：经过今天的辩论，我们发现多吃有多吃的好处，但是吃得太多不利于我们消化；我们发现少吃也有好处，但吃得太少，会让我们饿肚子、营养跟不上。所以吃得太多或太少都是不对的，选择适合自己的量，不偏食、不挑食，才是有利于我们身体健康的生活方式。

链接前期的经验、幼儿的发展需要，支持幼儿梳理经验。［基于生活、回归生活］

【活动延伸】

· 区域活动：在语言区设置辩论台，鼓励幼儿自主提出话题进行辩论。

· 家园共育：鼓励幼儿回家记录每日饮食并来园分享自己的记录。

将经验回归生活，并在生活中继续深化。［回归生活］

◆反思与推进

一、幼儿的学习与发展

（一）多数幼儿在辩论中理解了饮食的适宜性。

（二）通过辩论，幼儿耐心地倾听他人的观点、充分地表达自己的观点，习得了良好的语言习惯。多数幼儿对辩论活动更感兴趣，愿意使用关联词使自己的表达更清楚、更有说服力。

（三）在组队辩论的过程中，幼儿经历了积极协商、合作、一起解决问题的过程，体验了合作的乐趣。

二、活动亮点

（一）活动形式新颖，为幼儿提供了大胆说话、大胆展示的平台。

（二）辩论的话题和形式贴近幼儿的生活。话题针对幼儿午餐中真实存在的问题，辩论形式是根据大班幼儿的年龄水平而确定的。

（三）教师能够发掘幼儿对话中的重点，通过重复和概括，引导幼儿进行辩驳、表达。

三、活动后续

活动后，幼儿在早餐、午餐时还经常回忆起辩论活动，会用辩论的观点提醒挑食的伙伴。某次，丁毅吃了两碗饺子后还想再吃，小米就提醒他：“饺子虽然很好吃，但是吃太多会消化不了的。”个别幼儿偶尔出现挑食行为时，同伴之间也会相互提醒：“不喜欢吃的东西要吃一些，喜欢吃的东西也不能吃太多，这样才能饮食均衡。”

做有勇气的人

厦门市秀德幼儿园　王　洁　吴志青

◆活动缘起

户外游戏时，幼儿在自己建好的“桥”上走。祺祺和几个男生一起用两个大油桶、平衡木和板凳组合成“桥”，自豪地对身旁的几个女生说：“你们来走走我们建的海沧大桥吧。”女生看了看“海沧大桥”，说：“这座桥比我们都高，适合你们男生玩。”祺祺说：“我们用地垫铺在地上，很安全的。你们可以勇敢点，老师也会在桥边保护你们。你们看我，我走给你们看。”说完，祺祺就在“海沧大桥”上很轻松地走起来。诺诺、婧婧还是不敢。有的幼儿说：“我也敢走。”有的幼儿说：“你们要勇敢，只要不要看地上就可以挑战成功。”有的幼儿说：“你们要不试试更矮的桥”。

幼儿真实的游戏事件。[源于生活]

分享环节，祺祺等分享了“过桥”的游戏，并提出了问题——女生胆小，不敢挑战。诺诺说：“我害怕，在摇摇晃晃的桥上走不安全。”祺祺说：“那你们可以去挑战矮的桥。”婧婧说：“我们没试过。”

幼儿发现的、感兴趣的问题。[源于生活]

从幼儿的对话中可以感受到，他们以“勇敢”为骄傲，但对勇气的认知比较表浅。那么到底什

对幼儿当前的学习需要进行客观分析。[基于生活]

么是勇气呢？绘本《勇气》以直观、浅显的方式展示了何为勇气，符合幼儿的认知特点与需要，既与幼儿的实际生活经验有所呼应，又能够让幼儿更进一步地体会勇气的内涵，有助于帮助幼儿形成科学、正确的勇气观。

从幼儿需要的视角寻找适宜的教学内容。[源于生活、基于生活]

◆以集体教学形式开展活动的价值辨析

一、有助于帮助幼儿构建有关勇气的系统经验。从幼儿的已有经验出发，教师在集体教学活动中可以帮助幼儿把零散经验构建成完整的、系统的经验，让幼儿理解“勇气”的含义、迁移生活中的经验，分享自己有勇气的故事。

二、集体阅读绘本能在心理上支持幼儿建立自信，帮助幼儿明白生活中处处都有需要勇气的事情。通过集体绘本阅读，幼儿能用较完整的语言讲述需要勇气的理由，知道要有勇气去面对每一个挑战、每一个机遇。绘本《勇气》中讲述了每个人对勇气的诠释都不一样；精彩的画面形象地表达“勇气”一词。

三、有助于鼓励幼儿接受挑战。在集体教学活动中挑战“过桥”，还原幼儿关切的情景，让幼儿尝试挑战自己。

◆活动设计/过程

【活动目标】

·理解绘本的故事内容，了解“勇气”的含义。

·能积极调动生活经验，勇敢表达自己对勇气的理解和感受。

呼应了前期活动的情况和幼儿的发展需要。[源于生活]

·能勇于接受挑战，大胆尝试，体验鼓起勇气后的成就感和快乐。

【活动准备】

·经验准备：幼儿已阅读过关于“勇气”主题的绘本，有玩“过高低桥”游戏的经验。

·材料准备：户外游戏录像片段，绘本《勇气》课件，绘本《勇气》若干，“勇士”勋章。

·环境创设：利用椅子、平衡木等在活动室里创设“高桥”和“矮桥”各一座。（参见图 4-3-1）

沿用前期事件发生的情境，有助于调动幼儿挑战的热情，也有益于活动的衔接。[基于生活、回归生活]

图 4-3-1

【活动过程】

一、谈话导入，引导幼儿大胆讲述谁是有勇气的人。

（一）播放户外游戏录像片段，初步了解“勇气”一词的含义。

教师：上次的游戏中，小朋友讨论了有关勇气的问题，再请你们说说什么是勇气。

链接前期活动，唤起幼儿的相关经验。[源于生活、基于生活]

（二）交流：谁是最有勇气的人？

教师：你们认为谁是最有勇气的人？为什么？警察和医生是很有勇气的人。那在你们的周围，谁最有勇气？

呼应前期发现的问题，实现幼儿经验的突破。[基于生活]

小结：其实每个人身上都有可能藏着各种勇气。

（三）引出绘本。

教师：我带来了一本绘本，我们一起来看

一看。

二、阅读绘本，拓展幼儿对勇气的认识。

（一）自主阅读。

幼儿每人一本绘本《勇气》，可围坐在桌旁阅读，并与同伴交流。教师个别指导，关注幼儿的阅读习惯。

（二）分享交流。

借助绘本《勇气》课件，放大画面，引导幼儿讨论，了解画面中勇气的多种表现形式。

教师：你们看懂了哪一张图片？这里的勇气是什么呢？（随着幼儿的回答逐幅阅读）

（图一：勇气，是你第一次骑车不用安全轮）

教师：你们在画面中找到勇气了吗？谁有勇气？你们从哪里看出来的？

教师：还有谁也仔细观察过这个画面？请说说你的发现，女孩最大的勇气是什么呢？

教师：我们一起来听一听书里讲的是不是和你们发现的一样。

教师读绘本：勇气，是你第一次骑车不用安全轮。

小结：骑自行车时，从四个轮子变为两个轮子，这个过程需要勇气。

（图二：勇气，是爱它，却不摘它）

教师：小女孩很喜欢鲜花，那她的勇气到底是什么呢？

教师读绘本：勇气，是爱它，却不摘它。

教师：这里的勇气告诉我们什么呢？

小结：小女孩想摘鲜花却不摘。控制自己的行为，这也是一种勇气。

（图三：勇气，是从头开始）

教师：那小男孩的勇气到底是什么呢？

教师：你们有没有碰到过类似的事情？是怎么处理的？

小结：不怕困难，从头开始，直到成功。这样的勇气值得我们拥有。

（图四：勇气，是上探太空，下探深海）

教师：看到上探太空的宇航员，你们会想到谁呢？

教师：他们都是了不起的中国人。叔叔阿姨们最大的勇气是什么？

小结：这里的勇气是“上探太空，下探深海”。宇航员和潜水员的勇气很不一般。

（图五：勇气，是立志做一名消防员或是一名警察）

教师：我们一起来听一听，这里的勇气到底是什么？

教师读绘本：勇气，是立志做一名消防员或警察。

教师：立志，表示什么意思？

教师：为什么立志长大了要当消防员或警察就说明有勇气呢？

小结：消防员和警察叔叔的工作比较危险，真的需要勇气。

教师：你们想想，这些画面中隐藏的勇气一样吗？

小结：从五幅画面中我们发现了不一样的勇气。敢于尝试是勇气的体现，坚持到底是勇气的体现，能控制住自己是勇气的体现……勇气有很多很多种。

（三）师幼共同聆听，欣赏课件的配乐朗诵《勇气》。

教师：让我们一起聆听绘本《勇气》吧，并

记下你最喜欢的一句话。（播放配乐朗诵）

三、分享自己有勇气的故事，引导幼儿迁移生活中的经验。

支持幼儿迁移相关生活经验与情感体验，反思生活中存在的问题。[回归生活]

教师：你们觉得自己做哪些事情时需要更大的勇气？

小结：小朋友们，勇气不是天生就有的，是积累起来的。

四、鼓励幼儿挑战“高桥”，感受战胜害怕后带来的快乐。

还原游戏，让幼儿体验战胜害怕的喜悦。[回归生活]

教师：上次户外游戏有些小朋友不敢挑战“高桥”，今天想不想来挑战呢？

播放音乐，鼓励幼儿挑战“高桥”。

图 4-3-2

小结：今天看到了有的小朋友走过了从来没走过的“高桥”，表现出了像勇士一样的勇气。

【活动延伸】

· 区域活动：在阅读区继续投放绘本《勇气》，供幼儿阅读；在美工区支持幼儿绘制《挑战表》，把自己想挑战的事情用绘画图标的形式制作出来，有计划地去挑战。

引导幼儿在后续生活中不断深化对勇气的理解，并巧妙地帮助幼儿实现经验的迁移。[回归生活]

◆反思与推进

一、幼儿的学习与发展

（一）在原有比较狭隘、片面、零散经验的基础上，幼儿建构树立了较全面的经验。

（二）幼儿结合生活经验讲述勇气事例，能引起共鸣，表达能力有所提高。

（三）幼儿对户外游戏“过桥”更加感兴趣，敢于挑战“高桥”。

二、活动亮点

（一）教师在了解幼儿前期经验的基础上，结合语言领域和社会领域的核心经验，确定本次活动的目标。

（二）活动提供了敢说、有机会说的平台。

（三）活动缘起于一个具体的游戏事件，最终又回到了游戏之中，凸显了“源于生活、回归生活”的理念。

三、活动后续

活动结束后，关于勇气的活动层出不穷，教师会在日常生活、游戏中鼓励幼儿挑战自己想要完成的任务。

夜里什么人不睡觉?

南平市建阳区实验幼儿园　罗　青　胡华菁

◆活动缘起

楚楚最近常闷闷不乐，教师知道后问她为什么。楚楚说：“我妈妈在医院工作，要上夜班，已经好久没有陪我睡觉了。我只有早晨起床时才能看到妈妈。”楚楚的话，引发了幼儿的议论：“我爸爸是警察，夜里也要上班。”“我妈妈晚上要在加油站睡觉。”……经过了解，班级部分幼儿的家

幼儿的情感需求。[源于生活]

了解班级幼儿的集体需

长在医院、加油站或水厂等单位上班，经常因上夜班而不能陪伴幼儿。

求。[源于生活]

基于此，我们开展了谈话活动。幼儿提出许多困惑："爸爸妈妈为什么夜里也要工作？""为什么爸爸晚上要工作？""白天多做点事情，晚上可以不工作吗？"……从幼儿的交流中，教师发现他们对父母值夜班的行为并不能积极面对、客观理解。

幼儿在生活中遇到的困惑和问题。[源于生活]

《纲要》中指出："引导幼儿了解自己的亲人以及与自己生活有关的各行各业人们的劳动，培养其对劳动者的热爱和对劳动成果的尊重。"虽然上夜班只是部分家长的工作，但这一情境正是引导幼儿正面了解一些职业的契机。

剖析问题的教育价值。[源于生活]

于是，教师有意识地在阅读区投放了相关绘本，其中《夜里什么人不睡觉》引起了幼儿的兴趣。图书展现了夜间劳动者的工作和我们生活的关系。经过观察，我们发现幼儿通过自主阅读，能够了解夜间劳动者是哪些职业的人，但没有感受到劳动者夜里的工作与人们生活的密切联系，没有体会到劳动者的辛劳，也无法理解自己的父母不能陪伴自己。

投放相关绘本，为幼儿搭建适宜的支架。[基于生活]

对幼儿的自主阅读情况及学习需要进行细化分析。[基于生活]

教师拟开展集体教学活动，帮助幼儿进一步提升对相关问题的认知和感悟，引导幼儿萌发尊重和感恩劳动者的情感，指导楚楚和有类似困扰的幼儿理解、体谅父母。

◆以集体教学形式开展活动的价值辨析

解决幼儿自主阅读存在的问题，发挥绘本的最大价值。自主阅读绘本，无法支持幼儿将夜间劳动者的工作与人们的生活联系在一起，难以解决幼儿因父母夜里工作而不能陪伴自己的情感需求。集体性的讨论和学习，可以有针对性地帮助幼儿进一步丰富有关陪伴、职业的认知经验和情感经验，形成正确的认识，初步奠定对特殊职业的敬畏感，并萌发尊重和感恩劳动者的情感。

◆活动设计/过程

【活动目标】

·会认真阅读绘本，清楚地讲述医生、机长、船长等夜间劳动者的工作。

·能耐心倾听他人发言，并主动交流夜间劳动者的工作与人们生活的关系。

·愿意表达对劳动者的感谢，萌发尊重劳动者的情感。

对幼儿自主阅读时的经验进行呼应和提升。呼应幼儿不理解父母上夜班的问题，使幼儿获得更加清晰、系统的新经验。[源于生活、基于生活]

【活动准备】

·经验准备：幼儿在区域活动中已自主阅读绘本《夜里什么人不睡觉》，已初步了解夜里工作的劳动者，开展过“爸爸妈妈的职业”问卷调查。

·材料准备：绘本《夜里什么人不睡觉》，家长夜里工作的录像。

利用幼儿生活中的教育资源，为集体教学做好经验丰富、情感体验的准备。[基于生活]

【活动过程】

一、出示绘本《夜里什么人不睡觉》中的夜晚画面，引发幼儿再次阅读的兴趣。

提问：这是什么时候？你们从哪里看出来？夜晚12点以后就是深夜了，这时候你们在做什么？

小结：夜深了，周围静悄悄的，宝宝在爸爸妈妈的陪伴下睡着了。

通过“低”“轻”的语境还原夜晚静悄悄的生活情境，为后面的话题讨论做好情感方面的铺垫。[基于生活]

二、引导幼儿回忆绘本前半部分（第1～17页）的内容，讲述夜里不睡觉的人的工作。

（一）出示封面，引出绘本。

（二）提问：你们还记得夜里有哪些人不睡觉吗？

根据幼儿的回忆，教师出示相应的画面，引导幼儿讲述绘本中夜里不睡觉的人的工作。

提问：为什么要夜里开飞机呢？夜里火车上还有谁在工作？医生夜里没睡觉在干什么呢？

（三）小结：正因为有了机长、船长、火车司机和乘务员，我们才可以随时去想去的地方；正因为有了夜晚值班的医生和护士，我们生病的时候才可以随时上医院医治。

借助绘本，以幼儿熟悉且亲身体验过的生活场景引导幼儿交流讨论，呼应前期发现的真问题。[源于生活、基于生活]

三、引导幼儿自主阅读绘本后半部分（第18～25页）的内容，思考夜里不睡觉的人和人们生活的关系。

教师：请小朋友们阅读的内容，看看这部分画面有什么特别的地方，待会我们一起来说说。

播放轻音乐，幼儿自主阅读绘本。关注幼儿对画面的观察及内容的理解，鼓励幼儿与同伴小声交流。

创设自由宽松的语言交流环境，支持鼓励幼儿与同伴交流。[基于生活]

四、集体分享，进一步理解劳动者在夜里辛勤劳动是为了让我们的生活更便利。

（一）师幼交流，通过日夜对照图了解夜间劳动者辛勤劳动是为了服务大家。

图 4-4-1

提问：你们对哪一页印象最深刻？他们为什么要晚上工作，白天不能工作吗？我们要怎么感

在提问和反馈中帮助幼儿运用已有经验将夜间劳动、

谢他们的辛苦付出呢？（指导幼儿针对三幅日夜对照跨页图进行完整讲述）

小结：我们可以用实际行动来表达对他们的感谢，比如不乱扔垃圾，及时把垃圾扔进垃圾桶里，天热的时候也可以送一瓶水给他们喝。只有我们大家一起努力，我们生活的城市才会越来越干净、越来越美。送奶员连夜送奶就是为了保证牛奶的新鲜。如果没有他们夜里的辛勤劳动，我们大家就喝不到新鲜的牛奶，所以，我们喝到的每一口鲜奶都来之不易，把新鲜的牛奶喝光就是对他们最好的感谢。夜晚印刷报纸，第二天我们就可以看到最新的新闻。不过现在电子信息发达，我们通过手机、电脑就可以了解最新的新闻，所以看报纸的人越来越少了，送报纸的邮递员也越来越少了，反而是送快递的人越来越多了。为了让我们尽快拿到购买的物品，快递员经常夜晚要加班送快递。

（二）提问：为什么你们第一眼就看到了警察叔叔？画面上是什么时候？他们在干什么？

小结：警察叔叔在巡逻、站岗，保护着我们。有了他们，我们的生活才更加美好，祖国才更加安定！

（三）完整阅读绘本，回顾绘本中夜间劳动者的画面。

五、链接幼儿生活，升华尊重与感恩的情感。

（一）讨论父母的职业，了解父母的工作。

提问：谁的爸爸妈妈也在夜里工作？他们的工作是什么？

（二）观看家长夜里工作的录像，表达感受。

教师：今天老师带来了一段录像，我们来看看他是谁。

者与人们生活联系起来，体会夜里工作的劳动者的辛劳。[基于生活、回归生活]

引导幼儿从不太熟悉的邮递员转向与生活紧密联系的快递员，更能引起共鸣。[基于生活]

播放家长夜里工作的录像，进一步升华幼儿有关陪伴、职业的积极情感，进一提问：这是谁的爸爸？他在做什么？看了爸爸夜里工作的录像，你们心里有什么想说的吗？

小结：原来爸爸妈妈和叔叔阿姨夜里工作是为了服务更多的人，我们是不是也可以帮助他们做一些力所能及的事呢？

步解决幼儿有关父母夜晚工作而不能陪伴自己的问题。[基于生活、回归生活]

（三）鼓励幼儿在日常生活中寻找在夜里工作的其他劳动者。

【活动延伸】

• 区域活动：开展职业体验活动，引导幼儿了解不同劳动者的工作。

• 家园共育：请家长关注幼儿行为的变化，鼓励幼儿用各种方式表达对劳动者的尊重和感谢；帮助个别值夜班的家长与幼儿开展“书画留言”活动（参见图 4-4-2），强化亲子情感。

让课程回归生活，让幼儿在生活、游戏中持续体验探索，传递尊重和感谢，并学会表达。[回归生活]

图 4-4-2

◆反思与推进

一、幼儿的学习与发展

（一）幼儿能结合画面信息理解劳动者夜晚工作与我们生活的关系。

（二）幼儿理解了跨页设计之间的关联性，厘清有关职业的认知，形成对某些特殊职业的正确认识。

（三）幼儿唤起情感共鸣，关注和敬畏身边默默奉献的职业，感恩劳动者的付出。

（四）幼儿对父母的陪伴有了更多的理解，积极的情感得到了进一步的升华。

二、活动亮点

（一）教师捕捉到幼儿关于“父母夜晚工作而不能陪伴自己”的话题，感受到幼儿的情感需求，及时剖析话题中存在的教育价值。

（二）活动以生活化的问题为导向，通过绘本画面链接幼儿生活，鼓励幼儿大胆思考、讲述夜间劳动者的工作。

（三）运用有效的提问，帮助幼儿运用已有经验将夜间劳动者与人们生活相联系，体会夜里工作的辛劳。

（四）链接幼儿生活中的问题，播放家长夜里工作的录像，调动幼儿的情感，逐步引导幼儿了解劳动者、尊重劳动者、感谢劳动者，并解决了父母夜晚工作而不能陪伴自己的问题。

（五）注重活动的延续性，聚焦活动后幼儿在生活中情感态度和行为的转变，能利用幼儿生活中的教育资源追求最大化的教育效果。

三、活动后续

活动后，幼儿依然热烈地讨论着爸爸妈妈“夜里工作的故事”，但心情已经截然不同：“我爸爸晚上要工作，因为他是警察，要保卫社会！”“我妈妈是护士，她晚上值班，治好了很多病人！”……同时，生活中幼儿也有了可喜的转变，他们会主动将垃圾捡起来，每次用餐都尽量吃完自己的一份食物……

先左脚，再右脚

南平市建阳区实验幼儿园　官云倩　罗　青

◆活动缘起

重阳节前后，我们开展了一系列活动，旨在

引导幼儿体验与祖辈亲人之间的亲情。活动中，我们发现由于有的幼儿父母工作忙，幼儿主要由祖辈亲人陪伴，在生活中常常发生以下现象：幼儿对爷爷奶奶发脾气，让爷爷奶奶喂饭、背书包、抱着回家等。教师拍了一些照片，然后播放照片，和幼儿一起分析、讨论：有的幼儿说因为自己还小，所以需要爷爷奶奶帮忙背书包；有的幼儿说放学很累了，想要爷爷抱……我们认为有必要开展一次集体教学活动，帮助幼儿理解、尊重祖辈亲人。

幼儿与祖辈亲人之间出现的现象。[源于生活]

基于当前的问题分析课程意义。[基于生活]

教师发现绘本《先左脚，再右脚》的内容能够针对幼儿不理解祖辈亲人的问题发挥教育价值。《先左脚，再右脚》讲述了幼儿与爷爷间真挚的亲情故事：爷爷关爱和陪伴孙子成长，当爷爷重病之后，孙子为帮助爷爷康复，对爷爷无微不至地照顾。

从问题出发找寻适宜的支架。[基于生活]

借由阅读绘本《先左脚，再右脚》开展的集体教学活动强调幼儿情感共鸣的唤起，让幼儿了解自己的祖辈亲人对自己成长的付出，激发幼儿对祖辈亲人的关爱和感恩之情，愿意为祖辈亲人做力所能及的事情。

◆以集体教学形式开展活动的价值辨析

一、呼应生活中的真实现象与问题，有助于链接幼儿的已有经验，了解祖辈亲人对自己成长的付出。本活动源于幼儿与祖辈亲人相处中所发生、所存在的真实现象与问题。绘本中祖孙之间浓浓的爱与陪伴贴近幼儿的真实生活，通过集体教学活动能够链接幼儿和祖辈亲人相处的生活经验，支持幼儿在阅读、思考、表达中进一步了解与感受祖辈亲人对自己成长的关爱和付出。

二、共同体的学习有助于唤起幼儿的情感共鸣，并由内心的共鸣引发行为的转变。集体教学活动中通过观察思考、猜测验证等多种形式，引导幼儿分析与讨论自己与祖辈亲人相处中存在的问题，激发幼儿对祖辈亲人的关爱和感恩之情，并愿意为祖辈亲人做力所能及的事情，由内心的共鸣引发行为的转变，建立起正向的认知与积极的情感态度。

◆活动设计/过程

【活动目标】

·认真阅读绘本，理解并能讲述故事内容。

·了解巴比为爷爷康复所做的事，理解巴比期望爷爷康复的心情。

·萌生对祖辈亲人的爱与感恩的心情，愿意做力所能及的事以感谢祖辈亲人的付出。

满足幼儿的生活需求和情感需求。[源于生活、基于生活、回归生活]

【活动准备】

·经验准备：幼儿开展“我和家人的故事”问卷调查，了解小时候祖辈亲人对自己的关爱；幼儿在区域活动中已自主阅读图书的前半部分“巴比和爷爷的快乐生活”。

回忆祖辈亲人照料下的成长故事。[源于生活]

·材料准备：绘本《先左脚，再右脚》，祖辈照料幼儿的照片，祖辈生活的照片。

【活动过程】

一、回忆绘本前半部分的内容，感受巴比与爷爷一起生活的快乐时光。

（一）引导幼儿讲述绘本前半部分的内容。

教师：前几天我们一起分享了一本书，名字叫《先左脚，再右脚》。小男孩叫巴比，爷爷的名字叫巴柏，他们一起做了哪些快乐的事？（幼儿讲述，教师出示相应的绘本画面）

（二）小结：爷爷教巴比走路，陪巴比搭积木、讲故事、看烟花、散步、拍照……巴比在爷爷的陪伴下快乐成长，爷爷很爱他，他也很爱爷爷。

二、观看祖辈亲人照料幼儿的照片，引导幼儿回忆自己和祖辈亲人的快乐生活。

由绘本中祖孙间的生活画面自然过渡到幼儿与祖辈亲人的快乐生活。[基于生活、回归生活]

（一）提供部分幼儿小时候与祖辈亲人生活的照片，鼓励幼儿大胆讲述，感受祖辈亲人对自己的关爱。

（二）提问：谁来说说你和爷爷奶奶在做什么？你的心情怎样？

（三）小结：你们和爷爷奶奶做了许多快乐的事，你们和巴比一样是在爷爷奶奶的陪伴和关爱下长大的。

过渡语：可是巴比的快乐时光太短暂，在他五岁那年爷爷生病了，得了一种不能动、不会说话也记不住家人的病，爷爷生病后巴比的心情是怎样的呢？

三、阅读绘本后半部分的内容，理解巴比为帮助爷爷康复所做的事。

在多种形式的阅读、思考中，引导幼儿链接生活经验。[基于生活]

（一）师幼共读绘本第 6、7 页，感知爷爷病重后巴比的情绪变化。

1. 阅读绘本第 6 页，观察画面中巴比的动作、表情，感知爷爷不在身边时巴比孤单、难过的心情。

提问：爷爷生病后，巴比的心情怎样？

小结：巴比感到孤单又难过，巴比想念爷爷。

2. 阅读绘本第 7 页，观察画面中巴比的动作、表情，感受巴比此时害怕的心情。

提问：巴比看到生病的爷爷回家了，他是怎么做的？

教师：他不敢靠近爷爷，感到害怕，害怕爷爷不认识他。但这是他最亲爱的爷爷，你们觉得他就不再靠近爷爷了吗？他会怎么做呢？

小结：是的，他决定不再害怕，来到爷爷面前，他要想办法让爷爷康复起来。在康复期里，巴比也为爷爷做了一些事。为了帮助爷爷康复，巴比是怎么做的？为什么要做这些事？请小朋友自己去看看吧！

（二）幼儿自主阅读图书的后半部分，理解巴比为帮助爷爷康复所做的事。

1. 播放音乐，幼儿自主阅读图书，关注幼儿对画面的观察及内容的理解，鼓励幼儿与同伴小声交流。

2. 关注幼儿的阅读行为和阅读习惯，如翻书、坐姿、眼睛与书之间的距离，根据幼儿的不同情况，进行有针对性的指导。

（三）集体分享，鼓励幼儿说出巴比为帮助爷爷康复所做的事及做这些事的意义。

1. 师幼交流。

提问：巴比是怎样照顾爷爷？巴比为什么要做这些事？

2. 对比两张图片，大胆讲述两张图片的不同。

提问：这两张图片有什么不一样的地方？看完这两张图，你们有什么感受？

图 4-5-1

图 4-5-2

小结：巴比陪爷爷搭积木、给爷爷喂饭、讲故事、教爷爷走路……这些都是爷爷为巴比做过的事。现在，在巴比的细心照顾下，爷爷逐渐康复起来。巴比也渐渐长大，懂得照顾爷爷，懂得感恩家人。

四、完整回顾绘本内容，进一步感受巴比和爷爷之间的爱。

（一）播放音乐，教师有感情地讲述绘本内容，进一步感受巴比和爷爷之间的爱。

（二）过渡语：这是充满爱的故事。今天老师也带来了一些特别的照片，我们一起来看看发生了什么事情。

五、链接幼儿生活，观看祖辈亲人生活的照片，升华情感。

回归生活中的真问题，共同分析解决问题，唤起情感共鸣。[源于生活、基于生活、回归生活]

（一）出示祖辈亲人生活的照片，引导幼儿了解祖辈亲人需要关怀的时刻。

提问：照片里发生什么事情？爷爷奶奶在做什么？你们可以怎样帮助他们？

小结：爷爷奶奶年纪大了，需要家人的照顾和陪伴，你们可以做一些力所能及的事情去帮助他们。

图 4-5-3

（二）鼓励幼儿表达对祖辈亲人的爱。

【活动延伸】

·区域活动：在语言区用幼儿照片装饰“我长大了”讲述展板。

·家园共育：鼓励幼儿在生活中帮助家人做力所能及的事情，关注幼儿行为的变化。

聚焦幼儿心理和行为的改变。[基于生活、回归生活]

◆反思与推进

一、幼儿的学习与发展

（一）幼儿回忆自己与祖辈亲人的生活画面，感受了自己与祖辈亲人之间的亲情。

（二）幼儿发现自己与祖辈亲人相处中存在的行为问题，大胆表达并愿意调整行为。

（三）幼儿了解祖辈亲人需要关怀的时刻，能用语言和行动关心、感谢祖辈亲人。

（四）在多种形式的阅读中，幼儿提升了阅读理解能力，获得了良好的阅读技能。

图 4-5-4

二、活动亮点

（一）由于绘本画面内容多、故事容量大，为使绘本教育价值最大化，教师优化了活动设计：回顾绘本前半部分内容—观看祖辈亲人照料幼儿的照片—幼儿自主阅读后半部分内容—完整梳理回顾图书内容—链接生活，情感升华。优化的教学环节，引导幼儿有效阅读、自主思考、大胆表达。

（二）巧设策略引导，唤起情感共鸣。幼儿在观察、预测、思考绘本画面中，感受到祖孙间的亲情，并在教师的提问、追问下链接生活经验。

（三）注重情感延伸，让“爱”回归生活。本次集体教学活动目标是指向长远的，重要的是活动后的情感渗透及拓展延伸。活动结束后，教师更关注的是在生活中幼儿心理和行为的变化。

三、活动后续

活动后，多数幼儿不再要求爷爷奶奶给自己喂饭、给自己背书包、抱自己下楼梯，也不再随意对着爷爷奶奶哭闹、发脾气。他们会主动扶着爷爷奶奶上下楼梯、为腰痛的爷爷奶奶按摩、帮爷爷奶奶做家务。幼儿渐渐学会关心、体谅家人，能够做一些力所能及的事情以感谢亲人的付出……

寻找森林公园最粗的树

宁德市福安市坂中中心幼儿园　林少萍

◆活动缘起

离幼儿园200米左右的森林公园，是幼儿经常去的地方。幼儿在离园时或周末经常和爸爸妈妈去那里游玩。一次，教师组织刚刚学习了测量的幼儿去森林公园游玩，幼儿发现树的粗细不一样。有的幼儿认为这棵树比较粗，有的幼儿认为另外一棵树比较粗，那到底哪一棵树更粗呢？这类问题让幼儿争论不休。

幼儿遇到的感兴趣的问题。[源于生活]

刚刚学习了测量技能的幼儿，对于粗和细、长和短、高和矮等问题，更加敏感。前段时间，幼儿通过自主操作测量了桌子、小床的长度以及自己和同伴的身高等。多数幼儿已经掌握了平面测量、自然测量的基本方法，具备了对一些小物体进行围合测量、比较粗细的经验。测量树的粗

对幼儿当前的问题、当前的经验和学习的需要进行综合审议，以确定教学的内容。[源于生活、回归生活]

细，是幼儿迁移经验、解决问题的机会。《指南》中指出："幼儿科学学习的核心是激发探究兴趣，体验探究过程，发展初步的探究能力。"到底哪一棵树比较粗？这一问题对幼儿来说具有一定的挑战性，可引发幼儿的探究。

基于此，教师将组织有关"寻找森林公园最粗的树"的集体教学活动，希望通过猜想验证、合作探索，让幼儿进一步巩固围合测量的经验，解决生活中发现的问题，体验数学的有用和有趣。

◆以集体教学形式开展活动的价值辨析

一、本次活动旨在通过集体教学活动的形式有针对性地解决幼儿无法通过肉眼判断树粗细的问题，帮助幼儿梳理正确的围合测量的方法，进一步巩固幼儿前期围合测量的相关经验，有效地解决在测量过程中遇到的问题，更好地支持幼儿在生活中运用数学经验解决问题。

二、由于所面对的是自然物，每个小组遇到的经验和所获得的经验将会有差异。集体教学活动的形式能提供给幼儿共同讨论的机会，同时幼儿能在学习的过程中体验团体合作的乐趣。

◆活动设计/过程

【活动目标】

· 能对树的粗细进行猜想和验证，巩固围合测量的经验。

呼应"活动缘起"中幼儿的学习兴趣与需要。[源于生活]

· 乐于表达测量结果，并能用符号进行记录。

· 能通过测量解决问题，体验数学的有用。

【活动准备】

· 经验准备：幼儿已经掌握平面测量、自然测量的基本方法，有对小物体进行围合测量、比较粗细的经验。

·材料准备：常用的测量工具（直尺、卷尺、软尺、吸管、长短不一的绳子等），记录与演示工具（记录表、笔、画板、笔等）。

·活动场地：幼儿园附近的森林公园。

【活动过程】

一、根据已有经验，讨论、猜想测量树的工具的可行性。

（一）回忆已有发现，激发幼儿测量的兴趣。

教师：上一次我们来森林公园时，小朋友们说自己找到了最粗的树，请每个小组派代表来介绍一下，你们觉得最粗的树是哪一棵？

链接前期活动中幼儿发现的问题，激发幼儿的探究兴趣。[基于生活]

教师：看来每组小朋友的想法不一样。究竟哪棵树才是最粗的呢？用什么办法才可以知道答案呢？

（二）引发幼儿对测量工具的猜想，请各小组进行讨论，并鼓励幼儿表达自己的想法。

教师：今天，老师把小朋友们这段时间在数学区中玩测量游戏的工具都带来了，每组小朋友都有这些工具。请各小组小朋友一起猜一猜这些工具是否也可以用来测量大树有多粗，并且把自己的猜想记录下来。

教师：这张表格可以怎么记录？

教师：请小朋友们分享小组讨论的结果。

二、支持幼儿分组自由选择工具进行测量并完成记录表。

根据猜想选取常见的或幼儿熟识的材料进行验证。[基于生活]

教师：这些工具真的像你们说的一样可以用来测量大树吗？一会儿请你们去试一试。

教师：在行动之前，请你们记得讨论好分工。现在开始行动吧！

教师观察各组幼儿的行为，重点关注幼儿在

尝试过程中的发现、遇到的困难。

三、引导幼儿分享探索的结果。

教师：你们有结果了吗？刚才你们选择了哪些工具进行测量，你们的猜想对了吗？卷尺可以准确测量吗？

小结：原来像直尺、笔等这些硬的材料是无法准确测量的，只能用软的、可以弯曲的材料测量，因为树干是圆的。钢尺虽然可以弯曲，但是因为树干的表面是坑坑洼洼，不平整，所以也没有办法准确测量。绳子要足够长，才能方便我们进行围合测量。

四、带领幼儿围着大树，再次梳理围合测量、比较围合结果的方法。

（一）梳理围合测量的相关经验。

教师：哪个小朋友来试试怎么用绳子进行测量？

用符号进一步梳理围合测量的相关经验，包括起点固定、绳子拉平整、起始处和终点闭合。

（二）支持幼儿迁移比较围合测量结果的相关经验，用于大树粗细的比较。

教师：那么究竟如何才能知道哪棵树更粗呢？

五、与幼儿换一块区域，鼓励幼儿尝试迁移测量的新经验，再次寻找新区中最粗的树，在个别指导中自然结束。

进一步利用现有的自然资源。[回归生活]

教师：现在我们已经知道怎么去测量一棵树了。我们换一个区域，请你们找一找这个区域中最粗的树。

【活动延伸】

· 区域活动：在数学区投放各种大小树墩，支持幼儿继续测量，巩固围合测量的经验。

·家园共育：请家长和幼儿一起寻找公园其他区域更粗的树，并做好记录。

鼓励幼儿在后续生活中继续丰富相关经验、提高测量的技能。[基于生活、回归生活]

◆反思与推进

一、幼儿的学习与发展

（一）本次测量活动，幼儿测量的是圆柱体的树干。在测量的过程中，幼儿从选取工具到围合测量（围合测量时寻找起始点和终点），通过一步步的操作、探索，真实地运用了测量的技能。通过测量树干，幼儿习得了围合测量的方法，进一步掌握了围合测量的关键性技能。

（二）活动前，幼儿已经掌握了平面测量、自然测量的相关经验；活动中，幼儿运用已有的测量经验解决他们在生活中寻找“最粗的树”的问题。

二、活动亮点

（一）活动利用幼儿日常生活活动的环境，所探究的问题来源于幼儿的生活中发现的问题，也是幼儿所感兴趣的问题，因此能够激发幼儿的探究兴趣。

（二）活动中幼儿以树作为测量对象，利用他们日常生活中常见的一些测量工具完成围合测量。幼儿在熟悉的公园中学习与感知，能让幼儿获得更好的体验。

三、活动后续

从森林公园回幼儿园的路上，幼儿兴奋不已。活动后不久，教师又一次组织幼儿来到森林公园。这一次幼儿提出要为“最粗的树”做一个挂牌，让更多的人知道最粗的树有多粗。在后续的活动中，幼儿发现每棵树都是不相同的、树影的一日变化也特别奇妙……

设计楼层索引图

宁德市福安市坂中中心幼儿园　黄　金　王丽月

◆活动缘起

幼儿离园时，有个老爷爷来到我们班级门口，着急地问："阿宝在这里吗？我家的阿宝在中一班，我找了很久了，中一班到底在哪里？"幼儿的注意力被这位老爷爷吸引了。门口的小值日生想了想，告诉这位老爷爷："中一班在三楼。"小园大声说："不对，不对，中一班在二楼。"小煊说："中班都在三楼。"离园的这个小插曲，引起班级幼儿的争论。幼儿离园时和家长自发寻找中一班，验证自己的猜想。中一班在二楼的中间，有的幼儿一下子就找到了，有的幼儿费了很长时间才找到。我园的年段分布采取的是混合的方式，如第二层既有中班又有小班，第三层既有中班又有大班，第五层与第六层是游戏室和办公室。

怎样才能让人一下子就能找到他想去的班级呢？这个问题引起大家的思考。小鹿提出："我和爸爸去医院看爷爷时，在医院大厅看到了一张大表格。爸爸从大表格上一下子就找到爷爷的病房了。"在小鹿的启发下，幼儿发现楼层索引图能够指引人们快速地找到要去的地方。于是，幼儿决定一起为幼儿园设计一张楼层索引图。由于不会写字，幼儿决定把汉字的班牌替换成有图案和数字的班牌，让大家一眼就能看出来是什么班级。第一阶段，幼儿用符号及数字为班级及活动室设计标牌，并在分享环节分享具有代表性的标牌。第二阶段，幼儿在餐后环节、户外活动和离园时参观幼儿园各楼层，调查班级及各活动室的方位，为设计幼儿园楼层索引图做好准备。

幼儿发现并感兴趣的问题。[源于生活]

幼儿需要解决的问题，并由幼儿形成的决定。[源于生活]

前期的活动，让幼儿积累了一定的经验。幼儿尝试合作设计了楼层索引图，但遇到了一些问题：设计者自己看得懂，其他班的幼儿看不懂。经过反思、分析，教师认为主要有两个原因：第一，标牌的符号不统一，如同一组设计的楼层索

对幼儿当前的困难和需要进行客观分析。[源于生活]

引图有的班级标牌数字在前、图形在后，而有的班级标牌图形在前、数字在后；有的代表小、中、大班的同类符号的大小区别不明显等。第二，幼儿设计的楼层索引图中缺少备注说明，其他人看不懂符号代表的是什么意思。这些问题对于幼儿来说有一定难度，为此，我们拟组织集体教学活动，帮助幼儿澄清问题、提供必要的支架，支持幼儿与同伴合作，完善幼儿园楼层索引图。

◆以集体教学形式开展活动的价值辨析

一、有助于幼儿相互分享、学习。集体教学活动中，幼儿可以通过交流、讨论，吸取同伴的合理建议。

二、有助于幼儿梳理设计楼层索引图的要素。集体教学活动中，幼儿可以经过集体讨论和梳理，解决在之前活动中遇到的共性问题；教师的引导、提升及总结，能帮助幼儿把在日常生活中获得的经验与感到困惑的问题相联系，从而梳理出楼层索引图的要素。

三、有助于提高幼儿合作解决问题的能力。集体教学活动中的小组合作，能够让幼儿运用已有经验讨论、尝试解决问题并相互验证。集体活动中的合作，有助于幼儿在设计索引图的过程中体验到合作的乐趣。

◆活动设计/过程

【活动目标】

· 能根据幼儿园的实景图，设计或完善幼儿园楼层索引图。

· 能用不同的符号表示各个班级及功能室，理解前期符号使用中的典型问题。

· 体验与同伴合作设计的乐趣。

幼儿在前期活动中遇到的问题和幼儿的发展需要相呼应。[源于生活]

【活动准备】

· 经验准备：幼儿与家长一起调查和收集一

些场所的索引图，知道索引图给人们的生活带来的便利；为各班级设计班牌；熟悉幼儿园各功能室的位置；分小组讨论并合作设计了幼儿园楼层索引图。

·材料准备：幼儿设计的幼儿园楼层索引图，纸、笔。

·环境创设：把设计好的幼儿园楼层索引图放在一楼，供家长及其他班的幼儿参观、欣赏。

幼儿前期的作品得到展示，调动了幼儿的积极性，幼儿获得了成就感。[基于生活、回归生活]

【活动过程】

一、回忆并引导幼儿讨论各小组设计的幼儿园楼层索引图的合理性。

链接前期活动，回忆相关经验，提高幼儿参与活动的兴趣。[基于生活]

（一）展示幼儿设计的楼层索引图，引导幼儿观看并讨论。

教师：为了让所有的人都能找到幼儿园的每一个地方，小朋友们在区域活动中为幼儿园设计了楼层索引图，真棒！你们设计的楼层索引图是不是大家都能看懂？

教师：其他小朋友都看懂你们设计的楼层索引图了吗？出现了哪些问题呢？为什么他们没看懂？

教师：有的小朋友指出你们设计的楼层索引图中有的班级位置错误了，有的标记看不懂。

（二）出示第五、六两层功能室的设计图引发幼儿观察设计的合理性。

教师：大家认真看，然后说说自己的发现。

幼儿1：有些标志画得不够清楚，很多小朋友都看不懂。

幼儿2：大家都很喜欢我们第五、六两层楼的设计。

教师：你们发现了很多小朋友能根据标志说

出第五、六两层楼正确的活动室名称。现在我们一起来欣赏一下第五、六两层楼的楼层索引图。

教师：原来你们在设计的时候能根据活动室的用途及功能来设计标志，这样就能让人一目了然。

（三）引导幼儿讨论索引图第二、三、四层楼出现的问题。

教师：刚刚大家对第二、三、四层楼有很多疑问，现在我们一起来看看。

呼应前期发现的共性问题，引导幼儿发现问题、解决问题。[源于生活、基于生活]

幼儿1：圆形代表了大班、中班和小班，可是三个圆形都差不多大，别人就看不懂了。

幼儿2：错了，所有的图形都应该放在前面。

教师：你们发现了各个班级标牌的符号不统一，同一组设计的楼层索引图有的班级标牌数字在前、图形在后，而有的班级标牌图形在前、数字在后；有的符号大小区别不明显；在楼层索引图中没有一个备注说明，其他人看不懂每种符号代表的是什么。

二、小组合作，完善及修改楼层索引图。

（一）根据幼儿园教学楼实景图，用符号完善楼层索引图。

教师：请你们四人一组，把你们设计的楼层索引图中的问题找出来，先互相商量一下什么样的标志才更合适，再合作修改。

教师观察和引导各组幼儿在操作过程中相互讨论与合作。

（二）分享，验证。

教师：各小组派代表向大家介绍本组设计的楼层索引图，也看一看、听一听其他组小朋友有什么样的创意。

引导幼儿分享、讨论，大胆尝试运用不同的

符号，完善及修改楼层索引图。重点引导幼儿用合理的符号进行设计。

三、引导幼儿梳理楼层索引图的要素。

教师：你们对设计楼层索引图上的活动室标志有什么经验？怎样设计才能正确地引导大家找到他们想去的地方？

教师：设计楼层索引图时每一间活动室的标志要有代表性，要有明显的区分，位置要正确，让人能看懂。

教师：太棒了！现在请你们把楼层索引图放在一楼的大厅，让所有的人都看一看，相信大家看到你们设计的楼层索引图都能为你们感到骄傲！

【活动延伸】

• 区域活动：在语言区鼓励幼儿自制小书《我设计的小区楼层索引图》，与同伴交流分享；在数学区支持幼儿设计幼儿园其他栋楼的楼层索引图；在美工区投放纸、笔等，引导幼儿设计自己感兴趣的活动室标志。

• 生活活动：在来园或离园时，鼓励幼儿向家长及其他班级的幼儿大胆介绍自己和同伴设计的幼儿园楼层索引图；请幼儿通过观察、访问，了解自己设计的楼层索引图是否实用、是否解决了问题，并根据发现的问题继续优化自己设计的楼层索引图。

引导幼儿体验楼层索引图给人们带来的便利。[回归生活]

◆反思与推进

一、幼儿的学习与发展

（一）幼儿在前期了解楼层索引图、设计班牌及参观教学楼层的基础上尝试完成了幼儿园楼层索引图的设计，体验了合作完成任务的成就感。

（二）幼儿准确记忆各班级和活动室的位置，提高了对空间方位的认知。

（三）幼儿在集体中分享自己小组的作品，相互学习。

（四）幼儿相互交流、讨论，共同完善幼儿园楼层索引图，发展积极、主动的品质与能力。

（五）幼儿提升了合理设计楼层索引图的经验，即标志要有代表性、位置要正确等。

二、活动亮点

（一）活动设计紧扣目标，环节层层递进，逐步突破重难点。

（二）活动抓住了强化幼儿空间方位感的重要契机，让幼儿感知和了解生活中的空间方位，鼓励幼儿在生活中发现和比较物体不同的位置、方向和距离。此外，教师还注重培养幼儿对空间方位的认知，帮助他们感知并认识空间方位的相对性。这是幼儿方位认知的重难点。

（三）整个活动让幼儿回忆前期活动、发现问题、讨论、合作，有效地解决了问题。活动中教师注重幼儿在参与活动的过程中能够自己主动地思考，充分调动了幼儿主动学习的意识，引导幼儿自主解决设计当中的困难和问题，提高幼儿的学习能力。教师充分发挥幼儿园集体教学活动的优势，引导幼儿之间相互学习，帮助幼儿习得良好的学习方法。

三、活动后续

活动结束后，我们将修改后的楼层索引图张贴在幼儿园内，供其他班级的幼儿及家长使用并由此来验证楼层索引图设计的合理性，看看大家能否看懂。在来园或离园时，我们也鼓励幼儿大胆介绍自己和同伴设计的幼儿园楼层索引图，并投票评选最佳“幼儿园楼层索引图”。

我们坐动车

宁德市福安市坂中中心幼儿园　马瑜聆　李理新

◆活动缘起

国庆假期后，多个幼儿聚在一起谈论自己的旅游经历。楚翔说：“我是坐动车到厦门的。”于是幼儿便围绕着动车七嘴八舌地谈论起来。钧豪

幼儿近期感兴趣的话题。
［源于生活］

说坐过动车、感觉动车好快，芷含说动车很大很长，瑾阳说坐动车可以去福州。

幼儿围绕着动车畅谈，话题涉及坐动车的感受、动车的外形特点及内部结构、坐动车的流程以及注意事项等。相较于动车的外部特征，幼儿的有关乘车流程和车票信息的经验尚少，例如究竟什么时候上车、车票上的信息怎么看、如何找到对应座位等，幼儿了解较少。这些问题既是生活中的问题，也蕴藏着一一对应、空间、顺序等数学经验。

对幼儿的已有经验进行客观分析。[源于生活]

有关这些经验，我们组织过相关活动，例如引导幼儿寻找柜子中自己盒子的位置、对号入座等。幼儿提出的有关坐动车的话题可以成为一个承上启下的契机，既能够迁移已有的经验，又可以帮助幼儿感受生活中数学的有趣与有用以及科学技术给人们生活带来的便利。

分析幼儿相关的前期经验。[基于生活]

我们决定开展“我们坐动车”的集体教学活动，遵循《指南》所提出的“丰富幼儿空间方位识别的经验，引导幼儿运用空间方位经验解决问题”，拟通过现场模拟坐动车和具体问题的解决，帮助幼儿解决在坐动车时遇到的常见问题，让幼儿在观察、探索、游戏中感知自己的座位号位置，并迅速做出判断和反应。

◆以集体教学形式开展活动的价值辨析

一、营造仿真的学习情境，促进对相关问题的思考与理解。集体教学活动可以有组织地在仿真的环境中引导幼儿实现有效的学习。

二、支持幼儿在共同学习、共同解决问题的同时体验坐动车的快乐。坐动车本身是一个社会性活动，是由多人参与、投入其中的社会活动。集体教学活动中，幼儿共同应对问题、努力解决问题，并在仿真的情境下共同体验坐动车时看车票找车次、车厢和座位等环节，感受数学在生活中有用与有趣。

◆活动设计/过程

【活动目标】

·调动有关对应、基数、序数等数学经验，尝试根据动车票的票面信息找车次、车厢和座位。

呼应"活动缘起"中幼儿的发展需要。[源于生活]

·初步了解乘坐动车的常识，感受动车为出行带来的便利，体验自主"乘车"带来的胜任感与成就感。

【活动准备】

·经验准备：幼儿有乘坐动车的初步经验。

·材料准备：课件、仿真动车票等。

·环境创设：创设动车站的模拟场景。

【活动过程】

一、谈话导入，引出话题，激发幼儿参与活动的兴趣。

调动幼儿的前期经验。[源于生活、基于生活]

（一）引导语：小朋友们，你们坐过动车吗？今天老师要带你们乘坐动车去福州旅游，我们先到候车室休息一会儿吧！

（媒体应用说明：利用课件出示福安动车站候车厅的图片，播放语音提示，创设动车站情境，激发幼儿的兴趣）

创设仿真情景，用动车图片、动车上的语音提示、动车录像等达到仿真的效果。[基于生活]

引导语：你们坐动车的感觉是怎么样的呢？动车跑得有多快呢？你们觉得动车的车头像什么呢？

小结：动车的车头又扁又尖，像箭一样，动车跑得又稳又快，坐汽车去福州需要两个小时，坐动车只要一半的时间！我们可以坐着动车到全国各地去。有了动车真方便！

拓展幼儿现有的生活体验和经验，进一步感受现代科技的飞速发展给人们带来的便利。[基于生活]

（媒体应用说明：播放课件中的动画录像，聚

焦动车车头，引导幼儿观察动车）

（二）借助课件，了解动车有几节车厢。

引导语：你们知道今天我们坐的动车有几节车厢吗？我们一起来数一数看吧！

小结：今天我们乘坐的动车是 8 节车厢。我们生活中还有更长的动车，你们下次乘坐动车的时候可以数一下哦！

二、引导幼儿自主体验：根据票面信息找到相应的车次、车厢、座位号，了解乘坐动车的注意事项。

（一）根据语音提示和票面信息，寻找地面标识和车厢号。

借助仿真的情境和氛围，调动幼儿的经验与情感。[基于生活]

引导语：D6233 次动车到站啦！我们快进站吧！刚才广播里提示我们要看什么颜色的地标？你们的车厢号是多少？找到的小朋友快排好队吧！

（媒体应用说明：利用课件的语音提示，提醒幼儿进动车站后根据语音寻找地面的绿色标识，并根据票面信息找到车厢号、排好队）

（二）引导幼儿根据票面信息寻找自己的座位号。

引导语：动车来啦！我们上车吧！快看看你的座位号，找到座位坐下来吧！

（媒体应用说明：利用课件的语音提示，提醒幼儿上车后按动车票上的座位号对号入座）

（三）引导幼儿识别票面上的车次、车厢、座位号信息。

引导语：小朋友们，你们找到自己的座位了吗？刚才你们遇到了什么问题？让我们一起来看看动车票上到底藏了哪些小秘密。

呼应幼儿当前需要解决的问题。[源于生活、基于生活]

小结：我们乘坐的是 D6233 号动车。动车票右上角有车厢号、座位号。车厢号旁边就是座位号，它是数字和一个字母组成的，数字代表第几排，A、B、C分别代表靠窗、中间和靠过道的位置。

（媒体应用说明：利用课件导入动车票，引导幼儿利用画笔工具圈出动车票上的列车号、车厢号和座位号，并使用超链接帮助幼儿找到票面上对应的车次、车厢、座位号信息）

（四）再次体验，引导幼儿根据票面信息检查车厢号和座位号。

引导语：现在你们学会了正确看动车票，快检查一下你和旁边的小朋友是不是都找对车厢号和座位号了。

（五）创设情境，帮助幼儿了解到站下车的常识。

富有生活逻辑的经验拓展。［基于生活、回归生活］

引导语：动车到站了，我们可以下车吗？为什么？

小结：原来在动车上要听广播，下错站就麻烦了！

三、引导幼儿游戏，根据动车票信息自主探究。

（一）引导幼儿讲述乘坐动车的注意事项。

引导语：小朋友们，刚才我们坐动车时做了哪些事情？坐动车时要注意什么？

梳理坐动车的注意事项。［基于生活、回归生活］

（媒体应用说明：利用课件帮助幼儿梳理乘坐动车的注意事项）

（二）引导幼儿游戏，帮助动车上的乘客找座位。

引导语：动车上还有许多乘客没找到座位，我们一起帮助他们吧！

（媒体应用说明：利用课件，根据提示让幼儿操作选择对应“人物”与“座位”）

（三）二维码里的小秘密。

引导语：列车到站了！小朋友们还想了解关于动车的更多知识吗？在你们车票的背面有一个二维码，找找二维码里的小秘密吧！

拓展经验，支持幼儿自主、持续体验探索动车的“秘密”。[基于生活]

（媒体应用说明：应用扫描二维码工具将录像制作成二维码；引导幼儿通过扫描二维码进行自主学习，了解乘坐动车的“安全须知”，体现信息技术在生活中的运用）

【活动延伸】

·区域活动：在角色区鼓励幼儿扮演动车站的工作人员、动车上的列车员、乘客，了解工作人员的职责、乘坐动车的程序；在数学区投放动车座位图和各种小动物图片，引导幼儿帮助小动物找座位，练习、巩固找动车座位号。

·家园共育：请家长在后续带幼儿乘坐动车时鼓励幼儿自主找座位。

实现学习经验在现实生活中的应用。[回归生活]

◆反思与推进

一、幼儿的学习与发展

（一）幼儿感受了学有所用，将之前相关的经验如序数、方位等在活动中运用。

（二）幼儿思维得以充分扩展，学会解决日常生活中的有关问题。

二、活动亮点

（一）教师了解了幼儿看不懂动车票上的信息这一共性问题，而这个问题既是一项生活技能同时又是数学领域中一项重要的学习内容。活动内容既是幼儿感兴趣的又能服务于幼儿生活。

（二）活动过程中，教师通过谈话让幼儿回忆起生活经验，通过坐动车情境让幼儿自主认识动车票上的信息，同时运用对话法有效提问、询问并归纳提升幼儿的回答，以此帮助幼儿逐步学会根据动车票找车次、车厢和座位。活动中可以看出教师把更多的话语权交给幼儿，通过多种方式支持幼儿主动学习，让幼儿成为活动的主人。

三、活动后续

活动后，教师与家长进行交流合作，请家长带幼儿乘坐动车时一起坐动车，支持幼儿自主寻找自己的座位号。

我的怪兽玩具

福州市蓓蕾幼儿园　黄思思　王　蓉

◆活动缘起

科学区投放了"怪兽来了"的玩具。幼儿只要往吸管里用力吹气，怪兽就会从盒子里弹出来。幼儿对这个玩具十分感兴趣。区域活动时，幼儿都想去科学区玩，问题出现了：玩具数量太少，只有八个，由于玩具需要用吸管来吹，有人吹过了其他人就不能玩了，所以最终只能有八个人玩，可其他幼儿也非常想玩，怎么办呢？有的幼儿提出玩具的材料很好收集，我们能不能自己制作这样的玩具？

幼儿发现的问题和发起的提议。[源于生活]

幼儿收集了需要的材料，开始在区域中制作怪兽玩具。几次区域活动后，教师发现大部分幼儿未能制作成功。有的幼儿没有想好需要哪些材料，发现缺少了什么材料就跑过去拿；有的幼儿没想好怎么做就开始做，做着做着就不知道怎么做了；还有的幼儿是边做边想，速度很慢……区域活动后的分享环节，教师和幼儿一起讨论怎么样才能更好更快地做出怪兽玩具。有的幼儿提出了可以先画出设计图再制作。

幼儿真实存在的困难。[源于生活]

《指南》中指出大班幼儿可以"在成人的帮助

下制定简单的调查计划并执行”。幼儿想要制作怪兽玩具的愿望真实而迫切，但由于缺乏计划性，想法未能得到落实。

幼儿的真实愿望与需要。[源于生活]

对于我们班幼儿来说，他们有一些制订计划的经验。他们曾制订区域活动计划和春游计划，但如何迁移相关的经验和技能用于解决当前的问题存在一定的困难，需要教师的支持和引导。

对当前幼儿的实际需要进行客观分析。[源于生活]

基于此，我们拟以集体教学的形式引导幼儿学习制订科学小制作的设计方案，鼓励幼儿按照自己的想法去实施、验证，再根据实践中出现的问题进行调整，从而让幼儿了解事先绘制设计图的作用，提升制订计划的能力，从小养成做事有计划的习惯，为幼儿终身学习与发展奠定良好的基础。

基于幼儿当前的问题与需要，确定课程价值和基本思路。[基于生活]

◆以集体教学形式开展活动的价值辨析

一、有助于教师支持幼儿讨论解决问题的办法。幼儿在区域活动中制作玩具出现了一些问题，教师通过观察、分析幼儿的问题，认为幼儿需要明确“设计—制作—调整”的方法。

二、集体教学活动的分享交流和梳理总结，有助于幼儿获得相对系统的经验、解决共性问题。活动之前幼儿有关设计的经验比较零散，只是迁移了已有的区域计划、春游计划的经验，缺乏系统性、完整性、逻辑性。集体教学活动可以帮助幼儿建构关于绘制设计图的完整经验，凸显了集体教学提升经验的独特价值。

三、有助于形成学习共同体，为幼儿提供表达和交流的机会。集体教学活动中，幼儿能够形成学习的共同体，在宽松的氛围中大胆地与同伴和教师交流，分享自己的经验。

◆活动设计/过程

【活动目标】

· 能迁移相关经验为制作怪兽玩具绘制设

呼应了幼儿前期活动的

计图。

·能按自己的设计图制作玩具。

·愿意积极调整、完善设计图，体验成功的乐趣。

问题和幼儿的发展需要。[源于生活]

【活动准备】

·经验准备：幼儿日常活动中玩过捉空气的游戏，在区域活动中玩过吹怪兽的玩具，有制订计划的相关经验。

·材料准备：幼儿在区域活动中制作的怪兽玩具，带盖的一次性碗，纸盒，一次性手套，纸杯，吸管，大小不同的画有怪兽的保鲜袋，双面胶，透明胶，橡皮筋，细铁线，白纸，展示架，课件等。

材料都是生活中常见的材料。[基于生活]

【活动过程】

一、展示区域活动中幼儿制作的怪兽玩具，讨论制作失败的原因。

（一）讨论制作失败的问题。

教师：最近我们在区域活动中制作了怪兽玩具，你们成功了吗？为什么没有成功？

（二）导入制作设计图的建议。

教师：怎么样才能更好更快地做出怪兽玩具呢？

教师：我们做过许多计划，比如区域计划、春游计划，绘制设计图也是在做计划。你们觉得制作怪兽玩具绘制设计图是否可以帮助我们？

链接前期活动，唤起幼儿的相关经验。[源于生活、基于生活]

二、分组讨论，尝试绘制设计图。

（一）师幼讨论，明确设计图的要素。

教师：设计图需要画哪些东西呢？

（二）分组操作，尝试根据需要绘制设计图。

教师：等会儿请大家先想一想你的设计图上要画些什么，再动手画一画。

（三）分享设计图。

教师：谁愿意来和大家一起分享你的设计图。

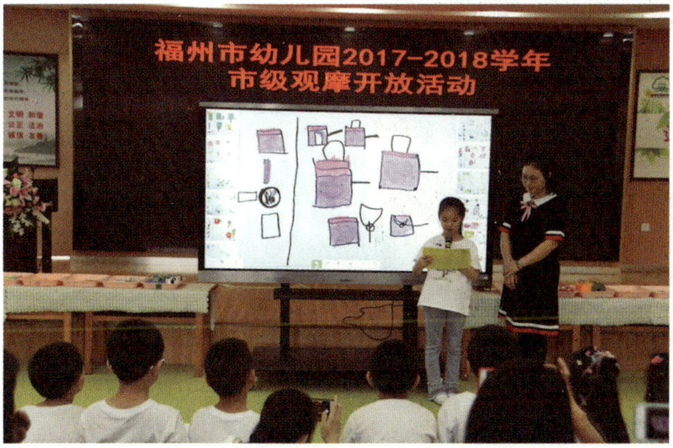

图 4-9-1

（四）根据梳理的经验，幼儿自主调整设计图。

教师：大家画的都是怪兽玩具的设计图，虽然每个人的想法不一样，但所有的设计图都是由两部分组成，即一部分是制作所需要用的材料，一部分是制作的步骤。现在大家可以认真看看自己的设计图需要补充什么，抓紧时间完善自己的设计图。

三、引导幼儿尝试按设计图制作“怪兽来了”玩具，并大胆表达自己的探究与发现。

呼应前期发现的问题，实现经验的突破。[基于生活]

（一）介绍制作材料，并提出制作要求。

教师：“材料超市”里有许多材料，你们可以按照自己的设计图找找需要的材料，试一试能不能做出怪兽玩具。

（二）幼儿按设计图自选需要的材料进行制作，教师重点观察幼儿制作过程中遇到的困难。

（三）引导幼儿分享交流制作的经验，鼓励幼儿大胆表达遇到的问题和解决办法。

教师：你们的怪兽玩具制作成功了吗？你们是怎么做的？

图 4-9-2

（四）小结。

教师：今天大多数小朋友成功做出了怪兽玩具，看来你们画的设计图帮了很大的忙。在制作的过程中也有很多小朋友发现设计图不是固定不变的，如果发现问题或者有需要补充的地方，可以进行调整。等会儿请你们分小组制作一份更好的设计图，这样在区域活动中的其他小朋友就可以按照你们的设计图来制作玩具了。

四、鼓励幼儿调整、完善设计图，体验设计的快乐。

（一）提出要求，鼓励幼儿分小组完善设计图。

要求：①分小组讨论怎么绘制一份更好的设计图、需要哪几个部分。②可以在最重要的步骤做一个特殊的记号，提醒别人。③在制作中哪个步骤最容易出现问题、有哪些需要注意的地方，可以着重画出来。

（二）幼儿分组绘制设计图，教师重点观察幼儿绘制的设计图要素是否完整。

（三）展示幼儿的设计图。

五、总结经验，结束活动。

教师：今天，我们为制作怪兽玩具绘制了设

计图，在设计图的帮助下，制作怪兽玩具再也难不倒你们了。

【活动延伸】

·区域活动：在科学区中展示幼儿的设计图，鼓励幼儿尝试用其他人的设计图制作怪兽玩具，并引导幼儿关注影响怪兽吹出来快慢的原因（吹的力气、盒子材质、吸管粗细、袋子大小等）。

将幼儿的设计图投放于区域中供其他人参考借鉴，能让幼儿持续体验探究的乐趣。[回归生活]

·生活活动：引导幼儿在日常生活中关注空气的力量在生活中的运用。

◆反思与推进

一、幼儿的学习与发展

（一）幼儿尝试思考、制订设计方案，能选择所需要的工具、材料按照设计图进行制作。

（二）幼儿能用准确、有效的语言表达和交流自己在活动中的做法、想法和发现。

（三）在小组合作的过程中，幼儿能积极协商、合作，主动解决问题。

二、活动亮点

（一）活动目标凸显科学领域的核心价值。活动目标的制订是基于幼儿的已有经验和年龄特征，结合科学领域的核心经验，表述具体，可操作性强，且对大班幼儿具有一定的挑战性。

（二）多种策略突破活动的重难点。活动的重难点是学习绘制设计图，并能按自己的设计图制作玩具。幼儿在动手操作、反复调试、再次验证的过程中获得了关于绘制设计图的方法。

三、活动后续

活动后，教师把不同小组的设计图投放到区域中。这些设计图真的可以做出好玩的怪兽玩具吗？哪个设计图做出来的怪兽玩具能够很快吹出来呢？接下来，教师会在区域活动中引导幼儿关注影响怪兽玩具吹出来快慢的因素，并进行对比、记录，引导幼儿对制作方案进行调整与改进。

朱紫坊的桥

福州市蓓蕾幼儿园　林碧缘　王　蓉

◆活动缘起

随着“各种各样的桥”主题活动的开展，幼儿在日常生活中越来越喜欢谈论桥。这天饭后，有个幼儿说：“我家附近有座斜拉桥。”这个话题顿时引发了其他幼儿的兴趣：“爸爸每天送我上学时会经过尤溪洲大桥。桥在江上，很长。”“我步行回家时要经过人行天桥。”“我看到的桥是水泥做的。”……这时，乐乐说：“朱紫坊里也有桥。”咦，幼儿园附近也有桥？幼儿兴奋了，问乐乐：“朱紫坊的桥是什么形状的？是拱形的吗？”“是用石头做的吗？”“汽车能通行吗？”“像不像斜拉桥？”“有栏杆吗？”……幼儿迁移对桥梁的已有经验向乐乐咨询关于朱紫坊桥的各种问题。这时有个幼儿说朱紫坊离我们幼儿园很近，放学时可以让爸爸妈妈带自己去看看。参观朱紫坊桥的提议，得到了多数幼儿的赞成。

活动基于当前的课程背景。[源于生活]

幼儿感兴趣的、想要了解的内容。[源于生活]

幼儿迁移已有的、粗浅的经验来预想心中的朱紫坊桥。他们渴求通过亲自体验、实践探究来获取对桥梁的真实经验。《指南》中指出大班幼儿具有初步的探究能力，能用一定的方法验证自己的猜测，能用数字、图画、图表或其他符号记录发现。因此，开展调查朱紫坊桥的活动水到渠成，既符合幼儿的实际需要，又是我园独特的地理优势所能实现的。

幼儿当前迫切的心愿和幼儿发展的需要。[源于生活]

基于当前幼儿的需要，审议课程的必要性和可行性。[基于生活]

◆以集体教学形式开展活动的价值辨析

一、在此之前，幼儿对桥梁知识的构建主要通过图片、录像等方式，因此对朱紫坊桥梁的构想也是基于已有的间接经验。组织集体性的出行、探索，既能满足幼儿的需要，又有助于幼儿在真实的自然环境中学习、获得全新的体验。

二、集体教学活动能对幼儿零散的经验进行必要的梳理和提升，有助于进一步强化幼儿的学习效果。在集体调查活动的适当时机进行有针对性的引导，有助于引导幼儿更深入地学习。

◆活动设计/过程

【活动目标】

• 能用多种方式记录调查过程，收集有关桥梁信息，丰富对桥梁的结构与功能的认识。

呼应幼儿的已有经验及实际需要。[源于生活]

• 使用不同的工具调查，体验与同伴合作的乐趣。

• 能积极、大胆地交流调查结果。

【活动准备】

• 经验准备：幼儿完成分组，并在组内讨论、设计调查方案；学习过自然测量；通过图片、录像认识了多种桥梁。

• 材料准备：画纸、笔、相机、绳子、尺子、放大镜等材料，各小组调查方案（调查方案以思维导图的方式呈现了人员分工、调查的具体内容、调查所需要的工具等）。

• 活动场所：幼儿园附近的朱紫坊。

利用当地社区资源，选用真实的环境，调动幼儿参与活动的积极性。[基于生活]

【活动过程】

一、回顾小组调查方案，明确调查的内容、工具及记录方式。

教师：今天我们参观朱紫坊的桥。大家根据

自己的兴趣，分小组制订了本组的调查方案。小组具体调查的内容是什么？（桥的长度、桥面、栏杆、柱子，桥的结构、材质、通行情况等）你们想象中的桥应该是什么样子的？为什么这么认为？

链接幼儿的已有经验，唤起相关经验。[基于生活]

教师：你们准备了哪些物品和工具进行调查？（相机、放大镜、笔、望远镜、尺子等）怎么记录调查结果？（绘画、数字、符号、拍照等）

为调查活动的顺利开展提供支持。[基于生活]

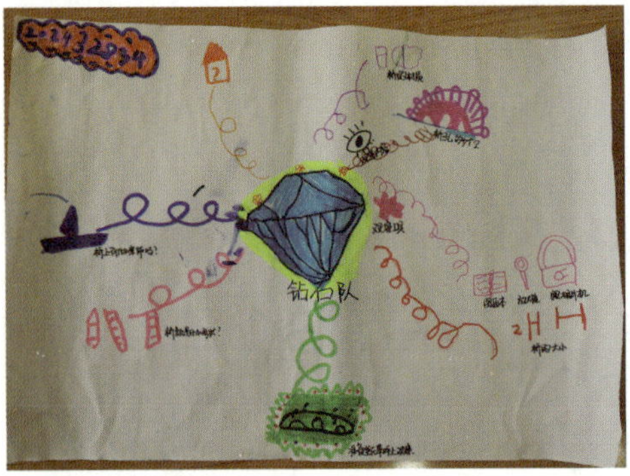

图 4-10-1

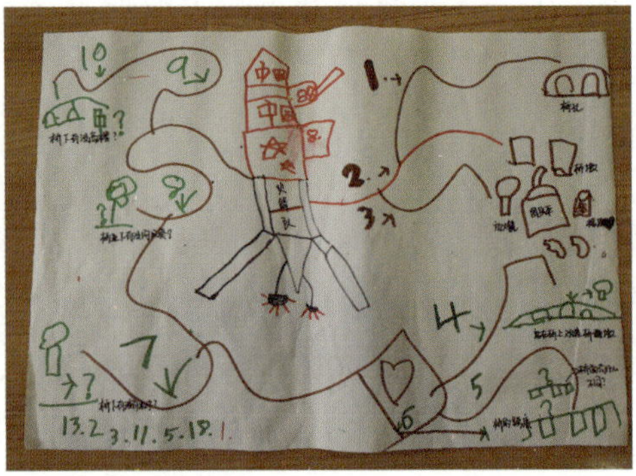

图 4-10-2

二、幼儿分小组进行调查。教师观察幼儿调查的方式及记录方式，并根据幼儿的需要进行指导。

基于活动，感受科学探究的过程与方法，体验自主探究的乐趣。[基于生活]

重点观察：幼儿使用工具调查、记录的情况，以及合作过程中的问题。

图 4-10-3

图 4-10-4

图 4-10-5

图 4-10-6

三、幼儿分享交流关于朱紫坊的桥梁“秘密”。

梳理提升，呼应前期对桥梁的设想，回归生活，实现经验的突破。[基于生活、回归生活]

（一）各小组内交流分享，小组长在调查计划表上汇总成员的调查结果。

（二）小组长分享交流本组的调查结果。

图 4-10-7

教师：你们小组调查了什么？用了什么工具？怎么记录的？本次调查有什么新发现？和原来设想的一样吗？

（三）师幼共同梳理朱紫坊的桥的调查结果。

通过图表梳理，发现幼儿基本上都调查了朱紫坊的桥的外形特征（长度、高度、柱子数量等）、材质、通行情况等。

新发现：装饰的细节，桥与周围的关系，桥名。

新问题：为什么短短的一条河要有三座桥呢？工具不同导致测量结果不同，因而大家都无法说出桥的具体长度、高度、宽度。

【活动延伸】

· 区域活动：在建构区引导幼儿搭建朱紫坊的桥；在美工区引导幼儿绘画朱紫坊的桥；在语言区鼓励幼儿讲述“关于朱紫坊的桥”。

· 家园共育：鼓励幼儿向家人分享自己的参观经历。

经验的延续，在后续生活中支持幼儿继续深入学习，体验调查活动的乐趣。［回归生活］

◆反思与推进

一、幼儿的学习与发展

（一）调查活动在真实生活情境中展开，幼儿接触了真实的桥，在亲身感知、探索中获得了有关桥的直接经验。

（二）幼儿合作能力得到了提高。在小组合作调查桥的过程中，幼儿合作设计活动方案、积极分工准备调查工具，主动实施方案，解决调查中的问题。

（三）幼儿用符号、绘画、照片等呈现自己的探究过程和结果，通过对记录结果的梳理，发现了调查与自己预想的异同点，丰富了对桥梁结构和功能的进一步认识。

（四）调查后的小组讨论、集体交流分享，幼儿系统梳理了对朱紫坊的桥的认知。

二、活动亮点

（一）活动目标的定位基于幼儿的已有经验及实际能力，紧扣科学领域的核心目标。

（二）活动中教师重视调查活动前的预想、讨论，调查中的探索，调查后的整理、分析、归纳，以提升集体教学活动的有效性。

（三）活动巧妙地利用了当地的社区资源，引导幼儿在自然环境中自主探索，扩展了集体教学活动空间。

三、活动后续

调查活动结束后，有的幼儿告诉教师这次调查活动让自己明白了调查工具的重要性，不是想当然地准备工具，而是需要根据调查内容准备适合的工具；有的幼儿则在调查方案中增补自己在本次活动中未调查的项目，以完善自己的计划；有的幼儿将自己的调查记录制作成故事书，在饭前活动时间进行讲述；有的幼儿查找朱紫坊的资料，了解朱紫坊里为什么有三座桥……这些调查活动中的新发现、新问题又将是另一个活动的起点。

根的秘密

福州市蓓蕾幼儿园　齐　凌　王　蓉

◆活动缘起

幼儿在照顾植物的过程中容易观察到植物的茎、叶、花等可见部分，而根常常因为埋在土里不可见而被忽略。从与幼儿谈论中，教师发现除了个别幼儿见过“家里兰花的根是粗粗的、一条条的，像拉面”“吊兰的根在水里，是白色的”，懂得“榕树的根很长很长，像胡子”以外，多数幼儿表示根在土里看不见，模糊地认为“植物的根是一条一条的、细细的”。有的幼儿提出想知道种植角里的芦荟、绿萝等的根长什么样。有的幼儿提出：“玫瑰花茎上的刺是根吗？榕树长长的胡子是根，那么柳树长长的胡子也是根吗？”还有的幼儿不禁议论起前几天月季花“生病”的事，提出：“生病的月季花根发黑了，死了。”“它软软的，烂掉啦！”“根死了，花就死了。”“根为什么会烂掉？”……

幼儿自主学习中容易被忽视的问题。[源于生活]

基于幼儿当前的困惑。[源于生活]

可见，幼儿对根的认知经验不足而产生的好奇与疑惑主要有三个方面：第一，不同植物的根一样吗？第二，根长在植物的什么地方？第三，根有哪些作用呢？

明确当前幼儿最主要的共性问题。[源于生活]

对上述三个问题的认识和了解不仅蕴含着5～6岁幼儿可能获得的关于事物的多样性、差异性、结构与功能的关系等科学认知层面的关键经验，更蕴含着对比观察、比较分析、分类概括、清晰描述等科学探究能力层面的关键经验，对幼儿的发展存在着深远的意义，因此教师决定围绕着解决幼儿关注的三个问题开展集体教学活动。

确定学习内容的发展意义以及课程的价值。[基于生活]

◆以集体教学形式开展活动的价值辨析

一、能促进幼儿间相互学习。围绕大家共同关注的三个问题开展的集体教学，有利于师幼和幼幼之间的交流互动，使同伴之间的差异成为宝贵的资源。幼儿在相互启发、相互学习的过程中实现了共同学习和发展。

二、有利于幼儿科学探究能力层面关键经验的获得。科学认知层面的关键经验，可以在日常生活中学习；科学探究能力层面的关键经验，对幼儿的发展具有重大的影响，需要在教师精心设计和结构化的科学集体教学活动中才可以掌握。

三、有助于形成学习共同体，高效解决幼儿共性的问题、促进幼儿科学探究能力层面关键经验的形成。

◆活动设计/过程

【活动目标】

· 感受植物根的多样性与差异性，初步了解常见的根（直根、须根、特殊的根）的特征以及根的作用。

蕴含科学领域的关键经验，对“活动缘起”有所呼应。[基于生活]

· 能观察、比较植物的根，完整、清晰地描述根的外形特征，并能迁移认知经验归类。

• 对生活中各种各样植物的根感兴趣。

【活动准备】

• 经验准备：幼儿已了解植物有根、茎、叶、花、果实、种子；幼儿在收集资料的过程中初步了解植物的根；教师收集幼儿对根的问题，并进行整理、归类。

基于幼儿经验，提取有价值的问题，为集体教学提供依据和方向。[基于生活]

• 材料准备：幼儿收集的各种蔬菜的根或者有关根的图片，课件，分类标记、分类板、分类瓶，投影仪。

• 环境创设：五张桌子，每桌投放一篮蔬菜实物或图片；教师站位处设置三张长桌，桌面上投放分类瓶和分类标记牌。

【活动过程】

一、回顾前期经验，引导幼儿对根探究的兴趣。

教师：最近我们都在研究植物，知道植物有根、茎、叶、花、果实、种子。可是有一个部分大家常常看不见，是什么呢？（根）之前我们在谈论根的时候提出了许多的问题。后来，老师把你

图 4-11-1

们的问题进行了整理和归类。大家特别想知道的问题有哪些呢？

链接前期活动，唤起幼儿的相关经验，强化幼儿活动的兴趣。[基于生活]

二、观察常见蔬菜根的外形特征，初步了解根的差异性与多样性。

（一）引导幼儿分小组观察比较蔬菜的根，交流分享。

图 4-11-2

教师：看一看根长在植物的什么地方、长什么样的，比一比不同蔬菜的根是不是一样，把你们的发现说给小朋友们听。

（二）集体交流讨论，了解根的外形特征各不相同。

教师：你们带来的蔬菜的根长在蔬菜的什么地方？它长什么样？它们一样吗？

教师：刚才大家找到蔬菜的根，它们长得不一样，有的是细细密密的，有的是中间粗、旁边细。

（三）通过图片归纳直根与须根的特征，支持幼儿了解根的常见种类。

教师：刚才我们观察了蔬菜的根，发现了根都长在蔬菜茎的下面。有的根又细又密，就像老爷爷的胡须一样，叫"须根"；有的根有粗有细，粗的像根妈妈，细的像根宝宝，这样的根叫“直根”。你们能说说直根和须根有什么不同吗？

（四）按根的特征分类，巩固对直根与须根种类的认识。

为新经验的习得提供必要的支架。[基于生活]

教师：今天我们认识了须根、直根，我们现在就把带来的蔬菜和图片按照直根与须根分一分。

教师：之前大家一直很想知道芦荟、绿萝、多肉的根长什么样？我们现在不能把它们从泥土里拔出来，可以用什么办法了解它们的根到底长什么样、它们是直根还是须根呢？（上网找图片）

呼应“活动缘起”中幼儿的好奇，引导幼儿通过观察与收集资料获得经验。[基于生活]

三、观察、讨论，进一步辨识植物的根长在茎的下面。

（一）引导幼儿讨论萝卜的根在哪里。

萝卜是特殊的根，又是幼儿常见的、熟悉的根，挑战了幼儿对根的原有认知，有助于激发他们思考。[源于生活、基于生活]

教师：刚才小朋友们说萝卜的根有粗有细，萝卜的根在哪里？为什么？

教师：你觉得萝卜的根长在萝卜下面尖尖的地方，为什么在这里？

幼儿1：我拔过萝卜，萝卜拔出来的时候我看到有许多须须。

幼儿2：我觉得应该长这里（幼儿手指着萝卜的中部）。

教师：为什么？

幼儿2：根都是在土里的，萝卜一半埋在土里，所以从中间开始下面就是它的根。

教师：还有不同的看法吗？

幼儿3：我觉得萝卜的根是从这里开始的（幼儿手指着萝卜上部），整个白白的萝卜都是根。

教师：你为什么觉得萝卜的根是从上面开始的？

幼儿3：我奶奶说我们吃的就是萝卜的根。

幼儿4：书上也是这么说的。

教师：到底哪里才是萝卜的根呢？刚才大家说到根长在茎的下面，老师考考你们，萝卜的茎在哪里？

幼儿4：是上面绿绿的地方（幼儿手指着与白色萝卜连接的绿色的地方）。

教师：茎下面连着根，萝卜的根到底是哪里呢？我们一起来看看图片上怎么说。（播放图片）

（二）联系幼儿的困惑展开讨论，进一步辨识根长在茎下面。

教师：刚才我们根据根长在茎的下面来判断萝卜的根在哪里，之前有小朋友问：“玫瑰花茎上的刺是根吗？”“榕树长长的胡子是根，那么柳树长长的胡子也是根吗？”你们有什么想法？

呼应“活动缘起”中的问题，有助于新经验的迁移运用。[基于生活]

四、结合课件、图片了解根的作用。

教师：植物的根很重要，它有什么作用呢？

五、结合思维导图，围绕幼儿关于根的三个问题进行梳理，并引发对根的持续探究。

解决“活动缘起”中的问题。[源于生活、基于生活]

教师：今天我们发现了许多根的秘密，弄懂了我们最想知道三个问题。知道了各种植物的根长得不一样，有直根、须根、特别的根；知道了多数植物的根长在茎下面，埋在土里，而气生根长在茎上，暴露在空气中；还知道了植物的根对植物的生长有很重要的作用。

教师：在我们的生活中还有许多植物，它们的根长在哪里？长什么样？怎样才能让植物长得更好？让我们带着新的问题继续到生活中仔细观察，和爸爸妈妈一起收集资料，寻找答案。

迁移运用新经验，回归幼儿真实生活，让幼儿持续体验探索、行动的乐趣。[基于生活、回归生活]

【活动延伸】

• 区域活动：在科学区提供多种植物根的图

在后续生活中继续深化、

片，开展根的分类游戏；在阅读区引导幼儿阅读与根有关的图书；在美工区引导幼儿用材料表征根的不同形态。

丰富学习经验。[基于生活、回归生活]

·生活活动：用正确的方式养护植物，持续观察植物的生长，体验根与植物生长的关系。

·家园共育：请家长在日常生活中引导幼儿关注周围植物的根。

◆反思与推进

一、幼儿的学习与发展

（一）通过对三个问题的探究，幼儿获得了科学关键经验，培养了幼儿终身学习所需要的宝贵的探究能力。

（二）幼儿在交流讨论中明晰了根、茎、叶之间的关系，解决了自己感到困惑的难题。

二、活动亮点

（一）活动目标基于幼儿的已有经验，紧扣科学领域核心经验，定位清晰，具有可操作性、挑战性。

（二）借助蔬菜开展对植物根的操作与观察，合理运用生活中的资源，满足幼儿的探究需求。

（三）活动过程紧扣目标、层层递进，有效突破重难点。活动环节的设计，凸显源于生活、基于生活、回归生活的线索，注重支持幼儿将前一个环节获得的经验运用于下一个环节，适时地回归“活动缘起”中的问题，递进线索清晰，符合幼儿的学习特点。

（四）教师利用三个问题帮助幼儿对相关经验进行梳理与概括，将思维形象化，有助于幼儿逻辑思维能力的发展，帮助幼儿构建较为系统的经验。

三、活动后续

活动后幼儿对身边的植物根的外形特征有了更多的关注。更有趣的是，活动后幼儿提出想重新种植月季花，他们上网了解并相互交流如何让月季花不烂根、能让月季花长得好。幼儿购买了月季花苗，选择了户外阳光充足的地，开启了新一轮的种植月季花的活动。

让稻草人住进我们的小菜园

福建省实验幼儿园　王晓莹　林　芬

◆活动缘起

幼儿园楼顶生态园有一块我们班的菜地。幼儿在菜地里播种了菜苗。最近，幼儿照料菜苗时发现一些小菜苗被小鸟给偷吃了，心疼极了，随即引发了“怎样保护小菜苗?”的讨论。幼儿决定请稻草人来保卫我们的菜地。

幼儿发现的问题和做出的决定。[源于生活]

哪里才能找到稻草人呢?嘿，不妨我们自己动手试试吧!在教师的支持下，幼儿对制作稻草人的兴趣逐渐高涨。首先，幼儿和教师一起收集了稻草人的图片，阅读了小远带来的绘本《稻草人》。接着，在家长的帮助下，幼儿收集到了各种各样的材料，如雨衣、扫把、蒲扇、木棍、树枝、雨伞、罩衣、饼干罐等。幼儿能想到这些材料，是因为他们在探索的过程中逐渐获得了有关户外材料的特性、稻草人的实用性等经验。然后，他们还绘制了稻草人设计图，讨论了制作稻草人的任务分工，这是他们在区域活动中分组完成的。完成这些工序以后，幼儿对制作稻草人更加迫不及待了，追着教师问：“我们什么时候开始制作稻草人呢?”

幼儿真实感兴趣的问题。[源于生活]

多种经验得到了整合。[源于生活]

在开展集体手工活动之前，教师先对幼儿的设计图进行了分析，发现每组幼儿的设计各有创意，但也存在共性的问题，即注重稻草人的造型美，却很难把稻草人的造型与其驱鸟的功能很好

对学习需要进行了进一步细化分析。[基于生活]

地关联起来。这也将成为后续活动中的一个重点。

◆以集体教学形式开展活动的价值辨析

一、可以满足幼儿分享创意、着手制作的需要。幼儿完成稻草人设计图之后，一方面热衷于向别人分享，另一方面热切地期待尽快开始制作稻草人。集体教学活动的开展可以满足幼儿的真实需要。

二、有助于梳理幼儿前期获得的零散经验，突破幼儿审美与表征的瓶颈，为幼儿的审美表达提供支持。在前期的各类活动中，幼儿获得了有关稻草人的外观造型、用料材质等方面的零散经验，但存在着共性的问题：幼儿未关注稻草人局部造型的夸张美，通过设计图表征出的稻草人造型比较简单。集体教学的形式有助于帮助幼儿突破这一审美与表征的瓶颈。

三、有助于幼儿在集体形式的活动中获得学习共同体的积极体验。无论是分享各自的设计图、听取别人对稻草人夸张造型的介绍，还是与同伴讨论制作稻草人以及观察别组幼儿的制作过程，都有助于幼儿从教师、同伴处获得富有创意和趣味的新经验，有助于幼儿获得学习共同体的积极体验。

◆活动设计/过程

【活动目标】

• 欣赏造型夸张的稻草人，感受其独特创意及其作用。

• 大胆想象、设计造型夸张的稻草人，并自主选择材料进行制作、装饰。

• 体验与同伴共同完成作品的乐趣。

呼应了幼儿前期活动和幼儿的发展需要。［源于生活］

【活动准备】

• 经验准备：幼儿知道稻草人可为班级菜地驱赶偷食的小鸟；欣赏过稻草人的实物及图片，已初步了解稻草人的制作方法；分小组讨论并绘制了稻草人的设计图、分工表。

• 材料准备：富有创意、造型夸张的稻草人的图片，扫帚、塑料棍、木棍、稻草等主材料，剪刀、软电线、毛根、泡沫胶等工具材料，羽毛、气球、塑料袋、铃铛等装饰材料。

·环境创设：在幼儿园楼顶生态园本班菜地旁边，摆放幼儿桌椅，创设材料自选区。

真实情境，有助于调动幼儿创作的热情和相关经验，也有益于作品的直接应用。[基于生活、回归生活]

【活动过程】

一、引导幼儿分小组介绍设计图，引入活动，激发幼儿参与活动的兴趣。

教师：小朋友们，之前我们通过讨论决定制作稻草人驱赶小鸟来保护菜苗。老师知道你们完成了稻草人的设计图，在我们制作稻草人之前，先来分享一下你们的设计图吧。

图 4-12-1

教师：你们组制作的稻草人叫什么名字？打算用什么材料来制作？为什么选择这个材料呢？

链接前期活动，唤起幼儿的相关经验。[基于生活]

二、引导幼儿欣赏稻草人脸部、躯干、四肢的夸张造型，鼓励幼儿大胆想象。

呼应前期发现的问题，实现经验的突破。[基于生活]

（一）展示富有创意、造型夸张的稻草人图片，请幼儿自由欣赏。

（二）引导幼儿发现稻草人脸部、躯干、四肢的夸张造型。

教师：你们觉得哪个稻草人最夸张，能够吓跑小鸟？你们觉得它的哪个部位最夸张？它有什么功能？它如何起到驱鸟的效果？（备选问题“是它的颜色夸张，还是线条、图案夸张？”）

（三）引导幼儿迁移审美经验，与本组同伴讨论、优化原有设计。

教师：你们的稻草人还可以怎样设计呢？可以什么材料来表现夸张的样子呢？请每个小组的组员一起讨论。

三、介绍主材、辅材及工具，请幼儿按设计图、分工表进行制作。

（一）介绍几类材料。

（二）出示幼儿设计图、分工表，请幼儿按照计划开始制作。

（三）根据各小组幼儿制作情况，给予适宜的支持；重点关注幼儿对于稻草人夸张造型的表征。

四、引导幼儿将制作的稻草人插入菜地，并共同欣赏。

直接将作品运用在菜地，回归幼儿的真实生活。[回归生活]

教师：请小朋友们向大家介绍一下本组制作的稻草人有什么创意，也看一看、听一听其他组小朋友有什么创意。

图 4-12-2

【活动延伸】

• 区域活动：在语言区投放有关稻草人的绘本供幼儿阅读。

• 生活活动：晨间入园、散步环节带幼儿观察稻草人的驱鸟效果，鼓励幼儿向其他班级的幼儿介绍自己制作的稻草人。

经验的延续，让幼儿持续体验探索、行动的乐趣。[回归生活]

图 4-12-3

◆反思与推进

一、幼儿的学习与发展

（一）幼儿在原有设想的基础上，动手制作了稻草人。

（二）幼儿将已有手工技能运用到制作稻草人上，获得审美表达的机会和愉悦的情感体验。

（三）在小组创作的过程中，幼儿积极协商、合作，主动解决问题。

（四）幼儿设计和制作的作品富有艺术性。

（五）幼儿对稻草人是否能驱鸟更加好奇。

二、活动亮点

（一）活动目标具有可操作性、挑战性。教师在了解幼儿前期经验的基础上，结合手工活动的核心经验确定本次活动的目标。目标表述具体，操作性强，且对幼儿具有一定的挑战性。

（二）活动环节紧扣目标，层层递进，有效突破了重难点。教师设计了欣赏环节，借助提问，引导幼儿欣赏夸张的稻草人的图片，丰富幼儿表征夸张特点的美术经验。为了更好地实现活动目标，教师支持幼儿将前一个环节获得的经验运用于下一个环节，符合幼儿的学习特点。

三、活动后续

活动后，教师与幼儿一同进行了反思：虽然稻草人的制作已经完成了，但这些稻草人真的能驱赶小鸟并保护小菜苗吗？个头较大的稻草人会不会遮住小菜苗的阳光呢？接下来，教师会与幼儿一起关注以上问题，并根据观察、讨论的结果，引导幼儿对稻草人的制作与摆放方式进行调整。

一起来做串串香

龙岩市漳平市宝娘幼儿园　许　勤　郭余云

◆活动缘起

幼儿园附近的一家涮串串店，引发了幼儿的兴趣，我们特此开展了“叮当猫串串香店”主题活动。幼儿在其中忙得不亦乐乎，制作开张小店所需要的广告、设计包厢、制作食材等。大家积极而又愉悦地反复讨论、实践，“叮当猫串串香店”越来越热闹。

基于当前的生活背景。[源于生活]

“叮当猫串串香店”的主打美食固然是串串了，幼儿为此煞费苦心：究竟顾客会喜欢什么样的串串？对此，幼儿展开新的尝试。刚开始，幼儿在区域活动中用绘画、剪贴的方法尝试制作串串，但发现纸制的作品并不实用：它们容易“软塌”，不能一根根拿起来、不够立体，和生活中美味的串串差距太大。于是，创作陷入了困难：“用什么材料来制作串串才会更像呢？”“顾客喜欢什

幼儿当前的游戏兴趣和问题。[源于生活]

聚焦具体的困境。[源于生活]

么样的串串呢?”……

为顺应与推动幼儿制作串串，支持幼儿创作的热情，教师决定开展集体教学活动来引导幼儿突破制作串串的瓶颈问题。活动将从小吃店的图片着手，引导幼儿发现“立体”材料的适用性，从而探索泥之于纸的优势。最后，将帮助幼儿迁移前期泥塑经验于当前的任务之中，大胆创作串串，从而解决串串不受欢迎的问题。

基于幼儿当前的需要形成活动思路。[源于生活、基于生活]

◆以集体教学形式开展活动的价值辨析

一、突破瓶颈，支持创作。如何制作形象逼真的串串呢?当前，幼儿的活动已进入瓶颈，教师适当的启发有利于助推游戏的发展。对于幼儿来说，他们虽然有泥塑的经验，但要迁移到新任务中，有一定难度。集体教学活动虽由教师主导，但依旧以幼儿为主体。教师将通过适当的方式引导幼儿通过观察、探索，掌握操作技能，完成制作串串。

二、促进交往，相互启发。在集体游戏的快乐氛围下，幼儿相互学习的机会更为丰富。集体教学活动有助于幼儿同伴间相互模仿、学习。

三、共同参与，深化体验。集体教学活动创设了共同为制作串串想办法、做努力的情境，幼儿在其中共同努力，共同体验着活动的有趣。

◆活动设计/过程

【活动目标】

·认真观察生活中的串串，感知串串的造型特点。

·能够综合运用搓、捏、压、团等泥工技能，尝试大胆创作各种串串。

支持幼儿解决所遇到的问题。[源于生活]

·体验集体活动的快乐，激发幼儿对生活的热爱。

【活动准备】

·经验准备：幼儿知道各种串串的不同造型，参与过“亲子参观串串香店”“亲子手工制作”“叮当猫串串香店”等系列活动。

·材料准备：超轻黏土，竹签，贴有图片的托盘，架子，“串串香图片”，制作好的串串（莲藕片串、香菇串、玉米串、丸子串、豆子串、白菜串、鱼板串、豆腐泡串），制作串串的录像、步骤图，制作好的小火锅道具。

源于生活现象、生活现实，富有生活意味。[源于生活]

【活动过程】

一、说一说：了解串串的特征。

（一）引导语：小朋友发现纸制的串串太软，不够立体，那现实中的串串会是什么样的呢？我们一起来看看吧！

呼应前期经验和瓶颈问题。[源于生活]

（二）引出用泥来制作。

教师：我们之前是用纸来制作串串，纸本身很薄很软。今天，老师带来不一样的材料——超轻黏土。你们觉得超轻黏土适合制作串串吗？为什么？

（三）欣赏制作串串的录像，引导幼儿说说串串制作的方法、材料。

选用真实情境，激发幼儿的创作兴趣，丰富幼儿的制作经验。[基于生活]

幼儿1：串串是用竹签把食物一个一个穿起来的，我们也可以用竹签把食物穿起来。

幼儿2：虾丸是圆圆的，和汤圆一样，上次我们就用超轻黏土做过汤圆。

幼儿3：鱼板串是长条形的，我们也可以用超轻黏土压扁来做。

（四）小结：通过观察，小朋友们发现生活中的串串有的是圆形的，有的是长条形的；有单色的，还有混合色的；食材不同，颜色、形状就不同。刚才小朋友们发现了串串是用竹签将食材穿起来的，还想出了用超轻黏土来制作串串的办法，今天我们就来试一试吧！

二、议一议：探究制作的方法。

（一）引导幼儿回忆用超轻黏土制作的方法。

链接幼儿的已有经验，促使幼儿相关经验的迁移、应用。[基于生活]

教师：这是什么动作？我们一起做一做，团一团，可以团成什么呢？

幼儿1：鱼丸、虾丸、牛肉丸……

教师：这张图片是用什么方法？搓？会搓成什么形状？

幼儿2：火腿肠、蟹肉棒……

教师：这是什么？压？谁来试一试？看看可以压成什么？

幼儿3：鱼板、虾片……

（二）小结：选用与食材颜色相应的超轻黏土，运用我们学过的泥工制作方法，可以制作出形象逼真的串串。

三、想一想：制作串串的方法。

（一）看一看：四周小桌的盘里分别摆放香菇、丸子、莲藕片等串串，幼儿自由观察。

（二）议一议：串串上食材的形状、颜色是什么样的？可以用什么方法制作？

（三）猜测方法，集中分享。

教师：莲藕片串可以用什么方法做呢？谁来说一说？

个别幼儿上台分享自己的推测和想法。

重点示范莲藕片串的方法：选用和莲藕颜色相近的白泥，团圆均匀，搓成长条形；用小刀模具等分切成莲藕薄片；再用吸管在薄片上面戳出洞洞，完成制作莲藕片串。

（四）探讨扁形物串串的制作方法。

提问：制作好的食材怎样串成串串？谁来试一试？

小结：球形的食材，我们可以找到中心点穿成串，扁形的食材用上下来回穿的方法穿起来。小朋友串的时候可以试一试不同的方法，穿出顾客喜爱并方便大家涮的串串。

四、试一试：制作泥塑的串串。

（一）引导语：一会儿大家可以参考制作串串的步骤图制作，也可以看着串串制作，还可以自己创新制作，看看谁的串串最受欢迎。

（二）介绍材料。

（三）规则：注意安全使用竹签，制作好的串串分门别类摆放整齐。

（四）试一试：幼儿自由尝试制作串串。

图 4-13-1

幼儿自由创作。教师巡回指导，帮助能力强的幼儿完成自己喜欢的串串创作，帮助有困难的幼儿按制作串串的步骤图完成制作。

五、评一评：拓展小结。

（一）分类摆放幼儿的作品、组织幼儿欣赏。

教师：小朋友们制作的串串真是种类繁多呀，

我们一起来看一看吧！谁来分享你制作的串串和制作方法？

（二）提问：玉米串串是谁制作的呢？让我们来听一听还可以怎么做会更好。

幼儿 1：用小黄泥当玉米，然后串起来。

幼儿 2：我觉得玉米粒太少了，大小不一样。

（三）小结：认真观察、学会用比较的方法可以让我们制作的串串更加吸引顾客。看，小朋友们今天动脑动手制作出用超轻黏土和竹签串起来的各种各样的串串，真是色、香、味俱全呀！小朋友们，我们的“叮当猫串串香店”免费品尝活动就要开始了，约上我们的好朋友，出发吧！记得还要收集顾客的意见哦！

引导幼儿将经验应用于后续生活。[回归生活]

图 4-13-2

【活动延伸】

· 区域活动：创设“叮当猫串串香店”，支持幼儿自主开展活动；增加顾客意见表，收集顾客建议。

直接将作品作为游戏材料，达成“叮当猫串串香店”开张的心愿。[回归生活]

· 家园共育：引导幼儿在生活中继续观察、尝试制作更多风味的串串。

引导幼儿继续观察，体验制作的乐趣。[回归生活]

◆反思与推进

一、幼儿的学习与发展

（一）幼儿突破制作的瓶颈，迁移相关经验、解决制作难点，完成串串制作。

（二）幼儿在制作的过程中，认真观察、积极探索，主动解决问题。

（三）幼儿与同伴共同完成串串的制作，体验集体游戏的快乐。

二、活动亮点

活动解决了幼儿制作的瓶颈。活动以幼儿为主，连接幼儿泥工的前期经验，让幼儿运用泥工技能制作串串，支持幼儿从想做、学做、会做，到积极主动完成创作。

三、活动后续

随着“叮当猫串串香店”活动的开展，教师继续支持幼儿自主解决在开店的过程中遇到的问题，让课程追随幼儿，让幼儿在社会文化中关注美、发现美，用自己的方式去表现美和创造美。